'조선심'을 주창한 민족사학자
문일평

'조선심'을 주창한 민족사학자 문일평

| 박성순 지음 |

글을 시작하며

호암 문일평은 일제강점기의 교육자이자, 언론인, 역사가로서 다양한 궤적을 보여준다. 그는 여러 학교에서 한국사 교육을 통해서 학생들에게 민족정신을 고취시키기 위해 노력하였다. 그리고 몇 년간은 신문사에서 사회적 사건이나 이슈를 발빠르게 취재 보도하는 전문 기자보다는, 주로 역사 연구와 그 지식을 토대로 사화史話와 사론史論을 연재하던 논설위원이나 편집고문으로 활약하였다. 그는 역사자료의 수집과 연구, 그리고 역사물의 집필에 일생을 보냈다. 따라서 문일평을 역사가로 부르는 것이 그의 정체성에 가장 잘 부합하는 표현일 것이다.

문일평은 연구 주제와 방법의 폭이 넓고 역사를 바라보는 스펙트럼이 다양했던 인물이다. 그는 신채호의 낭가사상, 박은식의 조선혼, 정인보의 조선얼에 비견되는 '조선심'을 강조했던 민족주의사학자였지만, 여기에만 국한되지 않고 이병도 류의 실증사학이나, 백남운 류의 사회경제사학의 방법론까지도 모두 흡수했다. 따라서 우리는 문일평을 민족주의사학자라고만 칭하는 종래의 평가에서 한발 더 나아가, 모든 역사학 방법론을 동원하여 식민사학에 맞섰던 '민족사학자'로 불러야 할 것이다.

문일평의 역사학에서 두드러지는 부분은 대중과의 소통을 중시했다는 점이다. 그는 우리 역사를 통해서 식민지 치하의 대중들을 각성시키고자 노력하였다. 그러기 위해 어려운 현학적 언어를 지양하고, 대중들이 쉽게 이해할 수 있는 평이한 문체를 주로 사용하였다. 오늘날 유행하고 있는 이른바 역사학의 대중화라는 관점에서 볼 때 문일평은 선구자적 위치를 차지하고 있는 것이다.

수준 높은 역사학의 대중화는 특정한 사회, 국가를 초월하여 인류 문화 발전의 중요한 토대라는 점에서 그 중요성은 거듭 강조되어도 지나치지 않다. 문일평은 한 편의 글을 쓸 때마다 논문을 쓰는 것과 같은 공력을 기울이면서 내용의 충실을 기하였다. 그의 글은 한국인으로서의 자부심을 고취시키는 동시에, 냉철한 이성을 바탕으로 역사의 모순을 시정하고자 하는 뚜렷한 역사의식을 담고 있다.

문일평은 한국사 연구방법과 그 서술의 측면에서 새로운 지평을 개척한 훌륭한 역사가였다. 그러나 불행히도 역사가로서 그의 진면목은 여전히 제대로 알려져 있지 않다. 문일평이 암흑 같은 일제강점기에 역사를 통해서 우리 민족에게 전하려 했던 희망의 메시지는 무엇이었을까? 이 책이 여러분에게 그 해답을 알려줄 수 있기를 바란다.

2014년 12월

박 성 순

차례

글을 시작하며 _ 4

1 의주 소년 일본으로 떠나다
도쿄에 유학하다 _ 13
일본의 한국 유학생 단체들 _ 17
우리나라 역사에 눈뜨다 _ 21

2 조선광문회와 상동청년회
민족교육의 현장으로 _ 24
상동청년회 토요강습소에서 강연하다 _ 27
신민회 회원으로 활약하다 _ 29

3 상하이 망명
두 번째 일본 유학과 상하이행 _ 32
독립운동가들을 만나다 _ 39
동제사와 박달학원 _ 45
중국에서 귀국하다 _ 48

4 3·1운동을 통해 일제에 항거하다
   3·1운동의 발발 _ 51
   「애원서」를 낭독하다 _ 53

5 역사가로 첫발을 내딛다
   이순신을 부활시키다 _ 57
   『신민공론』 동인과 단연동맹회 활동 _ 62
   애국청년들을 양성하다 _ 63

6 사회경제사관을 통한 한국사 해석
   사회주의사상에 공명하다 _ 66
   신채호 민중사관과 이광수 민족개조론 _ 68
   세 번째 일본 유학 _ 73
   민중들을 위한 쉬운 글쓰기 _ 78

7 고려사에 숨결을 불어넣다
   『고려개사』를 저술하다 _ 80
   『고려개사』의 사학사적 의미 _ 84
   고려사 및 한국사 강연 _ 86

8 신간회 활동과 물산장려운동
   신간회 창립총회 _ 89
   물산장려운동을 이끌다 _ 95
   물산장려운동의 갈등과 변화 _ 97

9 대종교 관련 활동
민족의 뿌리를 일깨우다_ 100
김교헌과 조선광문회_ 103
대종교 잡지 『한빛』 간행_ 105

10 신문사 생활
중외일보사 기자_ 106
조선일보사 시절_ 110
대조선정신의 회복을 주창하다_ 114

11 조선심과 문화사에 주목하다
조선심의 대표자 세종대왕_ 118
후기 문화사학자 문일평_ 124
민족문화의 특수성과 세계 문화_ 133
라디오 한국사 강의_ 137

12 마지막 조선일보사 시절
조선일보사에 편집고문으로_ 139
느린 글쓰기와 완고한 성품_ 141
가난 속에서 쓴 유머 소설_ 149

13 실리·실용주의의 주창자
과학적 태도와 문화보존의식을 강조하다_ 152

유・불의 구문화에서 과학적 신문화로_ 155
실리외교에 초점을 맞춘 「대미관계오십년사」_ 157
조선인의 허례를 비판_ 160
조선문기사정리기성회・경보유지회 활동_ 162

14 학회 활동과 역사 연구

진단학회 발기인_ 167
역사 서술의 과학화를 주장하다_ 174
성실한 인품을 지닌 뛰어난 역사가_ 179

15 조선학운동

다산 정약용 기념 사설을 집필하다_ 186
조선이 낙오하게 된 두 가지 원인_ 190
『여유당전서』 출판 기념회_ 193

16 갑작스러운 죽음과 추모

사망 원인과 장례식_ 196
유고집의 간행과 독립유공자 수훈_ 199

에필로그_ 206
문일평의 삶과 자취_ 211
참고문헌_ 219
찾아보기_ 224

01 의주 소년 일본으로 떠나다

호암湖岩 문일평文一平은 1888년 5월 15일 평북 의주군 의주면 서부동西部洞에서 태어났으며 본관은 남평南平이다. 그의 집안은 16세기 중엽 문일평의 13대조 이래로 의주 동북방인 창성昌城에서 대대로 살아온 무관 가문이었다. 8대조와 7대조, 5대조가 무관직을 역임하였으며, 증조부도 무과에 급제하여 조선시대 중앙군사조직인 오위五衛의 종4품 무관직이었던 용양위龍驤衛 부호군副護軍을 역임했다.

문일평의 집안은 경제적으로는 부유한 가문이었다. 그가 태어난 의주는 조선시대에 중국과의 무역을 담당하던 개시開市가 열린 곳이었다. 그러므로 평안도 지역에서 보기 드문 관료 집안으로서 그 위세는 당시 의주 상권에 영향력을 행사하였을 것으로 추정된다.

문일평의 아버지 이름은 문천두文天斗이고, 모친은 해주海州 이씨이다. 문천두는 첫째 부인 전주全州 이씨에게서 딸 하나를 얻었고 둘째 부인에게서는 문일평과 딸 하나를 얻고 1898년에 세상을 떠났다.

문일평의 원래 이름은 정곤正坤이고 자字는 일평一平이며, 호는 호암이다. 1920년에 간행된 『남평문씨세보南平文氏世譜』에는 문일평의 집안 항렬 이름인 명회明會로 기재되어 있다. 문일평은 어려서부터 고향의 한학자인 최해산崔海山의 문하에 들어가 한문을 수학하였다. 1899년 12세에 전주가 본관인 김은재金恩哉와 결혼하였는데 그녀는 1885년 4월생으로 문일평보다 3살이나 연상이었다. 이후 문일평은 부인에게 한글을 배웠으며 대신 부인에게 한문을 가르쳐 주었다.

1894년 청일전쟁으로 조선에서 청국 세력을 내쫓은 일본은 한반도에서 러시아 세력마저 완전히 쫓아내기 위해서 1904년에 러일전쟁을 일으켰다. 일제는 주변국의 비난을 우려하여 러일전쟁을 백인종과 황인종 간의 대결로 선전하였다. 그러면서 전쟁 직전에 영국과 제2차 영일동맹을, 미국과는 태프트 – 가쓰라 밀약을 체결하여 일본의 조선 지배를 두 열강으로부터 승인받는 한편, 러시아를 물리칠 수 있는 여러 가지 원조를 지원받았다. 때마침 러일전쟁 직전 러시아 함대가 용암포龍岩浦 앞바다에 정박하여 일본군의 중요 공격목표가 되었는데, 그 바람에 근처에 있는 의주는 러일전쟁 발발 당시 전장의 중심지가 되고 말았다. 당시 힘이 없던 대한제국 정부는 자국 땅에서 벌어지는 외국 군대의 싸움을 제재하지 못했다. 문일평은 러일전쟁의 한복판에서 힘없는 나라의 설움을 절감했다. 부국강병에 대한 문일평의 희망은 차츰 서구 문명에 대한 동경으로 이어졌다.

당시 많은 사람들도 문일평과 같은 생각을 갖고 있었다. 개항과 더불어 들어온 서구 문명을 배움으로써 조선의 근대화를 이룰 수 있다는 생각이 커졌다. 서양화가 곧 문명개화라는 이론이 점차 확산되었다. 문명화에 대한 입장은 초기의 개화사상이나, 그 뒤를 이은 계몽주의의 전반적 추세로 보아 별반 차이가 없었다. 그러나 시간이 흐를수록 경쟁을 통해서 환경에 잘 적응하는 것만이 살아남는다는 적자생존適者生存, 힘 있는 자가 약한 자를 먹어 치우는 것은 당연하다는 우승열패優勝劣敗 의식이 점점 더 여론의 지지를 받게 되었다.

이러한 사회진화론의 이론적 토대는 1859년 찰스 다윈Charles Robert Darwin이 간행한 『종의 기원』이라는 책에서 주장하였던 생물진화론이었다. 그것을 스펜서Spencer, Herbert가 인간사회에도 적용하여 자본주의적 적자생존론을 토대로 한 사회진화론을 제창하였다. 이어서 헉슬리Huxley, Sir Julian Sorell · 헤켈Haeckel, Ernst Heinrich Philipp August이 자연도태론을 토대로 하여 진화론을 보강하였다. 사회진화론은 1870년대 영국에서 시작되어 1900년을 전후로 전 세계에 풍미하였다. 특히 산업혁명 이후 자본주의의 진행과 더불어 영국·독일·미국과 동양 3국에서 크게 유행하였다.

사회진화론은 미국에 유학한 윤치호·서재필·유길준 등에 의해서 독립협회 활동기(1896~1898)에 조선에 전해졌다. 조선인들은 청일전쟁·을미사변·아관파천 등을 겪으면서 무자비한 힘의 논리를 경험하였다. 특히 러일전쟁을 통하여 우승열패를 확인하면서 사회진화론을 굳게 믿었다. 그리하여 경쟁의 힘을 국민적으로 기르고자 하는 계몽운동이 유행하게 되었다.

도쿄에 유학하다

시골 소년 문일평도 미국 문화를 동경하면서 미국 유학을 꿈꾸었다. 그는 '왠지 미국이 좋은 듯했고, 미국만 갔다 오면 큰 수나 나는 듯이' 생각하였다. 그래서 그는 미국을 가기 위한 '준비공작'으로 예배당에 나갔다. 때마침 의주에는 일찌감치 예수교회가 설립되어 있었다. 문일평은 예수교회와 서양 사람들을 보면서 미국 유학 결심을 더욱 굳혔다.

그러나 그의 꿈은 수포로 돌아갔다. 미국으로 가는 여행권(여권)을 얻기 어려웠기 때문이었다. 실제로 1905년 4월 일제는 한국 정부에 영향력을 행사하여, 그동안 진행되던 한인들의 하와이 및 멕시코 노동이민을 중단시켰다. 미국으로 가는 것이 어려워진 문일평은 어쩔 수 없이 차선책으로 일본 유학을 결심하였다.

1905년 봄, 18세 청소년 문일평은 그동안 소중히 길러오던 머리를 깎았다. 그리고 의주 인근의 용암포에서 7백 톤급 윤선輪船을 타고 인천으로 향하였다. 인천에 도착한 문일평은 경인 기차를 타고 서울로 갔다. 서울에서 그는 미국인 콜브란Henry Colbran(한국명 고불안高佛安)이 부설한 전차도 타보았다. 당시의 전차는 창문이 없어서 비바람조차 막을 수 없는 조악한 것이었다. 그러나 전차 안의 널판자 의자에 걸터앉아 서울 풍경을 내다보는 문일평의 가슴은 설레었다. 어렵사리 부산까지 내려간 문일평은 그곳에서 부정기선을 타고 고베에서 내려 도쿄로 갔다.

도쿄에 도착한 문일평은 미국 선교사의 소개로, 감리교회에서 세운 세이잔학원靑山學院 중학부 1학년 과정의 청강생으로 들어갔다. 그렇지

개화기의 전차

만 일본말을 몰라서 큰 어려움을 겪었다. 문일평은 세계역사와 정치에는 관심이 많았지만, 어학과 수학에는 소질이 없었다. 일본에 도착하였을 때에는 '와까리마셍(모르겠습니다)'이라는 한 마디밖에 할 줄 몰랐다.

일본말을 전혀 몰랐기 때문에 문일평은 강의시간은 물론이고 체조시간이 되면 더욱 괴로웠다. 문일평은 키가 컸기 때문에 선두에 서서 체조를 하였는데 교사의 호령도 잘 알아듣지 못하였다. 게다가 소학교를 다니지 못해 체조를 처음 배운 까닭에, 학생들의 놀림을 받는 일이 비일비재하였다.

일본말은 몰랐지만 일요일에는 항상 세이잔 예배당青山禮拜堂에 나갔다. 그곳에는 나카무라中村라는 목사가 있었는데, '한국 형제'라 하며 문일평을 아주 반겨 주었다. 그가 문일평에게 악수를 하며 영어로 말을 건넸지만, 문일평은 영어를 몰라 꿀먹은 벙어리였다. 그러자 나카무라 목사가 다시 일어로 물었으나 역시 문일평은 한 마디도 하지 못했다.

이처럼 일어를 몰라 좌충우돌하던 문일평은 결국 세이잔학원을 그만두었다. 그리고 일본어를 배우기 위해 본향구本鄕區 일승관日勝館이란 하숙집으로 옮겼다. 일승관 근처에 새로 오는 학생에게 어학과 기타 필요한 공부를 간단하게 교육해주는 강습소가 있었기 때문이다. 서북지방 출신이 결성한 태극학회의 일어 강습소인 태극학교였다.

태극학회의 기관지 『태극학보』

문일평은 일승관에서 최광옥崔光玉과 한 방에서 지냈다. 최광옥은 세이소쿠학교正則學校에서 영어와 수리數理를 전공하였다. 옆방에는 장응진張膺震이 있었는데 그는 도쿄고등사범학교를 다녔다. 장응진은 태극학회의 초대회장과 『태극학보』 발행인을 맡고 있었다. 두 선배를 만난 후로 문일평의 불안감은 많이 해소되었다. 거기에 모여서 공부하는 인원은 약 7~8명이었다. 문일평도 그 틈에 끼어 매일 일어를 배웠다.

태극학교에서 어느 정도 일어 공부를 마친 문일평은 1906년 신학기에 도쿄 간다神田 세이소쿠학교에 입학하였다. 문일평은 일승관을 떠나, 그곳에서 멀지 않은 옥진관玉津館이라는 하숙집으로 옮겼다. 그곳에서

최광옥　　　　　　홍명희　　　　　　이광수

처음으로 벽초 홍명희洪命憙와 춘원 이광수李光洙를 만났다. 홍명희는 문일평과 19세 동갑내기였고, 이광수는 겨우 15세의 앳된 소년이었다. 이때 이광수의 이름은 보경寶鏡이었다.

1907년 9월 문일평은 20세의 나이로 메이지학원明治學院 중학부(보통과) 3학년에 편입하였다. 친구인 홍명희는 다이세이중학大成中學에 들어갔고 이광수는 메이지학원 중학부 3학년에 다니고 있었기 때문에 문일평은 이광수와 동급생이 되었다. 이것을 계기로 문일평과 이광수는 하숙집 옥진관에서 매일 마주 앉아 공부하였다.

둘은 나이 차가 있었지만, 매우 친하게 지냈다. 문일평이 메이지학원 보통과 4학년 시절인 1909년 2월 교내 연설회에서 「청년과 신세계」라는 제목의 연설을 한 적이 있었다. 이때 문일평이 한국어로 연설을 하고, 이광수가 통역을 담당하여 둘의 우정을 과시하기도 하였다.

하지만 이 일화는 장차 닥쳐올 두 사람의 행보를 예고한 듯하다. 일

윤치호   조소앙   유길준

본어를 제법 구사할 줄 알면서도 대다수 일본 학생들 앞에서 굳이 한국어로 강연을 한 문일평과 일본 사람들 앞에서 자신의 일본어 실력을 뽐내고자 했던 이광수는 훗날 전혀 다른 삶을 살아가게 된다.

일본의 한국 유학생 단체들

문일평은 일본에서 유학하는 동안 유학생 단체에서 적극적으로 활동하였다. 일본으로 간 최초의 한국 유학생은 1881년 조사시찰단朝士視察團 단원인 유길준과 윤치호 등으로 이들은 게이오의숙慶應義塾 같은 학교에서 수학했다. 1894년 갑오개혁 이후에는 유학생 파견이 본격화되어, 1896년 초까지 약 200명의 유학생이 일본에 파견되었다. 1904년 「한일의정서」 체결 이후에는 관비 유학생 이외에도 상당수의 사비 유학생이 일본에 유학하였다. 1906~1907년경에는 많을 때에는 1,000명, 적을 때는 600명 내지 700명 정도의 한국 유학생이 도쿄를 중심으로 일본의 각 지역에서 유학하고 있었다.

한국 유학생들은 1896년 대조선유학생친목회를 시작으로 여러 단체를 조직하였다. 주로 동향 모임이거나 이들이 연합한 것들이었다. 1907~1908년 무렵만 해도 광무회光武會, 공수학회共修學會, 태극학회太極學會, 동인학회同寅學會, 낙동친목회洛東親睦會, 한금회漢錦會, 호남회湖南會, 광무학우회光武學友會 등의 동향단체들이 있었다. 또 같은 시기에 연합단체로 대한유학생회가 조직되었다. 1909년 1월에는 관비 유학생 단체인 공수학회와 기타 유학생회 연합단체로 대한흥학회大韓興學會가 설립되었다.

국망 이후에도 유학생친목회가 조직되었는데 당시 주도적인 역할을 담당한 인물은 조소앙趙素昻이었다. 그는 공수학회 평의원과 대한흥학회 회보 주필, 유학생친목회 초대회장을 역임하였다. 조소앙은 나중에 문일평이 중국 상하이에 건너갔을 때 함께 생활하면서 정신적으로 큰 영향을 미쳤다. 조소앙은 1941년 대한민국임시정부 외무부장으로서 삼균주의三均主義를 바탕으로 한 「대한민국 건국강령」의 초안을 작성하기도 했다.

각 유학생 단체들은 독자적인 기관 잡지를 간행하는데 표면적으로는 회원 상호 간의 친목 도모와 유학생 단결, 학술 발전 등을 목표로 내세웠다. 그러나 실제로는 국민의 지덕 계발과 국력 배양, 그리고 이를 통한 국가 자주권의 회복 등 계몽적 성격을 강하게 띠었다.

문일평도 유학생 단체 기관지에 계몽주의적 성격의 글들을 많이 썼다. 최초의 글은 1906년 10월에 태극학회 기관지인 『태극학보』 3호에

〈표 1〉 문일평이 쓴 글과 게재된 잡지

연월	잡지	제명
1907년 6월	『태극학보』 11호	「진보(進步)의 삼계급(三階級)」
7월	『태극학보』 12호	「한국(韓國)의 장래문명(將來文明)을 논(論)함」
1908년 5월	『태극학보』 21호	「체육론(體育論)」, 「세계풍속지(世界風俗誌) 역술(譯述)[일(一)]」
9월	『태극학보』 24호	「아국청년(我國靑年)의 위기(危機)」
10월	『태극학보』 25호	「아배청년(我輩靑年)의 위기(危機)[속(續)]」
11월	『태극학보』 26호	「아배청년(我輩靑年)의 위기(危機)[속(續)]」
12월	『대한흥학보』 8호	「아국(我國) 장래상업(將來商業)의 중심지(中心地)」

게재한 「자유론自由論」이다. 이 글에는 앞으로 전개될 문일평의 세계관이 원초적인 형태로 자리잡고 있었다.

자유는 천하의 공리公理(공인된 이상)요, 인생의 요구要具(중요한 도구)이다. 그 종류는 진자유眞自由와 위자유僞自由, 전자유全自由와 편자유偏自由, 문명자유文明自由와 야만자유野蠻自由가 있다. 완전한 문명의 행복을 영원히 향유하려면 첫째 정치상, 종교상, 민족상, 생계상의 자유를 누릴 수 있어야 한다. 정치상 자유는 인민이 정부에 대하여 그 자유를 보존해야 한다. 종교상 자유는 교도敎徒가 교회에 대하여 그 자유를 보존해야 한다. 민족상의 자유는 본국이 외방에 대하여 그 자유를 보존해야 한다. 생계상의 자유는 자본가와 노력가(노동자)가 서로 그 자유를 보존해야 한다. 정치상의 자유는 삼분三分할 수 있다. 하나는 평민이 귀족에 대하여 그 자유를 보존함이다. 둘은 국민 전체가 정부에 대하여 그 자유를 보존함이다. 셋은 식민지가 모국에 대하여 그 자유를 보존함이다. 그러므로 여기에서 나온 결과가 육단六端이다. 하나는 사민평등, 둘은 국민 전체의 참정권 획득, 셋은 속지屬地의 자치, 넷은 신앙의 자유, 다섯은 외국으로부터의 주권 보장, 여섯은 지주나 자본가로부터 노동자나 빈민의 자유 보장이다.

문일평은 자유의 소중함을 강조함으로써 주권 상실의 위기에 처한 조국의 현실을 에둘러 환기시켰다. 자유의 확대야말로 인류 역사 발전의 동력이라는 생각을 드러냈다. 문일평은 이때 원초적인 형태이기는 하지만 민족간, 계급간은 물론이요, 신앙과 경제적 측면에서의 자유 확대가 이상적 삶의 형태라고 생각했다. 이런 요지의 글은 그 후에도 이어졌는데, 정리하면 〈표 1〉과 같다.

이 글들에서 문일평은 우리나라가 자유를 유지하기 위해서는 현재 근대화에 성공한 서양의 여러 나라와 일본을 본받아, 조선의 청년들도 구태를 버리고 문명의 대열에 동참해야 한다고 주장하였다.

그러면서도 문일평은 1908년 10월 『태극학보』 25호에 실은 「아배청년我輩靑年의 위기危機(속續)」이라는 글에서 '국수國粹'를 강조하였다. 이 글은 한 국가가 진정한 독립을 유지하기 위해서 필요한 것이 무엇인가를 말한 것이다. 문일평에 의하면, 대개 독립이라 함은 국가가 타국의 간섭을 받지 않고 자주自主함을 말한다. 자주의 근원은 국가를 조직한 개인의 자주에 있다. 그리고 개인들의 자주가 모여 한 국가의 독립을 보장하는 것이다. 그러므로 문일평은 정신상의 자주를 위해서는 청년들이 자국 국수를 존경하며, 자국 인물을 숭배하는 관념을 가져야 한다고 주장한 것이다.

이러한 글을 통해 사실상 대한제국이 주권을 상실한 환경에서 문일평이 청년들에게 자유와 자주의 소중함을 일깨우려고 노력하였음을 발견할 수 있다.

우리나라 역사에 눈뜨다

문일평의 일본 유학은 '힘없는 나라의 동량棟樑이 되고자' 하는 비장한 마음가짐에서 결정한 것이었다. 문일평이 일본에서 유학 도중 발표한 몇 편의 논설은 그가 조국의 미래에 대해 얼마나 많은 고심을 하였는지 보여준다. 그러나 그에게도 한계는 있었다. 성리학을 주로 공부했던 한말의 지식인들은 중국사에는 정통했지만, 한국사 인식에는 약한 모습을 보이던 한계에서 벗어나지 못했다.

> 그때(유학 시절)에는 일본역사, 동양사, 서양사 이렇게 과정이 있었는데, 중국의 역사 같은 것은 조선에서 『통감通鑑』을 배울 적에 듣게 되었고, 일본에 가서 비로소 '조선 역사'를 알게 되었다.
>
> — 『신생新生』, 「역사가 문일평씨와의 문답기」, 1929. 5

문일평의 한국사 인식 수준은 이 정도에 불과하였다. 이광수의 『나의 고백』에 의하면, 당시 문일평은 한문 실력이 뛰어났고, 나폴레옹을 찬양하고 비스마르크를 부러워할 정도로 서양사에도 해박하였다. 그러나 이순신 장군이 역사적으로 얼마나 위대한 인물인지조차 알지 못할 정도로 우리나라 역사에 대해서는 무지하였다. 『태극학보』 25호에 실은 논설에서 '국수'의 중요성을 강조했으면서도, 막상 문일평 자신은 한국의 역사에 대해서 깊은 인식을 갖고 있지 못했다.

그런 사실은 당시 유학생들의 치기어린 이중적 모습을 보여준다. 문명화된 일본을 동경하기만 할 뿐, 막상 대한제국을 집어삼키려는 침략자로서의 본성을 헤아리지 못한 것이다.

그러던 중 아주 우연히 문일평이 이순신에 대해 알게 되는 계기가 찾아왔다. 어느 날 밤 출출해진 문일평이 호㨉콩을 사와서 먹으려고 종이봉지를 펴다가 그 위에 인쇄된 책 광고를 보게 되었다. 일본 사람이 지은 『동양의 넬슨 이순신』이라는 책이었다.

> 일찍이 영국의 넬슨이 유명한 장군인 줄은 알았지만, 조선의 이순신이 그러한 명장이라고 한 것에 적지 않게 놀랐다. 그 순간 '조선'의 역사란 것도 알아보았으면 하는 호기심이 일어났다.
> ―『신생新生』, 「역사가 문일평씨와의 문답기」, 1929. 5

문일평은 전반적으로 우리나라를 통칭할 때에는 '조선'이라는 용어를, 조선왕조만을 지칭할 때에는 '이조시대李朝時代' 또는 '한양조漢陽朝'라는 표현을 주로 사용하였다. 신채호申采浩의 『조선사朝鮮史』나 정인보鄭寅普의 『조선상고사朝鮮上古史』 등에서도 그와 같이 쓰였다. 이는 당시 역사가들의 보편적인 모습이었다.

우연히 이순신에 대해서 눈뜨게 된 문일평은 그 후에 더욱 놀라운 광경을 목격하게 되었다. 일본역사 시간에 일본인 역사선생이 "일본군이 임진란에 육전으로 승첩을 하였지만 해전으로 전멸을 당하였다"고 말하자, 곁에 앉은 일본 학생들이 웅성거렸다.

"오 이런, 그런 일이 있을 수가?"

그 순간 문일평은 망치로 머리를 얻어맞은 듯한 충격을 받았다. 그리고 다시 한 번 이순신의 위대함에 확신을 갖게 되었다.

문일평

나중에 문일평은 잡지 『신생新生』과의 인터뷰에서 "내 역사공부는 실상 호콩 싼 신문지로부터 출발하였다고 할 만하다"라고 회상하였다.

이순신과의 조우는 그를 역사가의 길로 들어서게 만든 획기적인 사건이었다. 얼마 뒤 일본에서 귀국하자마자 문일평은 한국사 공부에 매진하기 시작하였다. 자습을 통해서 이루어진 그의 한국사 공부에 큰 영향을 미친 것은 민족주의사학자였던 신채호申采浩의 글과 최남선崔南善이 운영했던 조선광문회朝鮮光文會라는 출판사였다.

02 조선광문회와 상동청년회

....
민족교육의 현장으로

문일평은 메이지학원 중학부에 편입한 지 만 2년 6개월 만인 1910년 3월에 졸업하였다. 그의 나이 23세 때였다.

> 메이지학원의 중학시대도 알지 못하는 사이에 꿈결같이 지내 보내고 말았다. 처음 입학할 때는 아주 아름답게 보이던 졸업도 정작 마치고 나니 터무니없다.
> ─「나의 반생半生」,『조선일보』1935. 3. 14~21

문일평은 낯선 설렘과 바쁘게 보냈던 시간들에 대한 허무와 아쉬움을 그렇게 표현하였다.

메이지학원 중학부를 마친 문일평은 '졸업장을 받기도 전에' 서둘러 귀국하였다. 문일평은 귀국하자마자 평양 대성학교大成學校에 교사로 취직하였다. 도쿄의 하숙집 일승관에서 함께 지내면서 문일평을 보살펴주던 장응진이 당시 대성학교의 교무주임이었다. 장응진이 태극학회 회장이던 시기에 문일평은 평의원으로서 그를 보좌하였기 때문에 둘은 매우 가까운 사이였다.

대성학교는 안창호의 주도로 1908년 9월에 설립되었다. 학생들은 30~40세의 장년자가 많았는데 그중에는 옥관빈玉觀彬·오동진吳東振 같이 유명한 독립운동가들도 있어 대성학교가 독립정신 고취의 요람이었음을 보여준다. 이광수도 그해 봄 문일평과 같이 귀국하여 정주定州 오산학교五山學校 교사로 취임하였다. 이 두 학교는 당시 관서 교육계關西教育界의 중심으로 관서 청년은 물론이요, 각도 청년들이 모여드는 곳이었다.

문일평은 평양 대성학교에서 1910년도 1학기만을 지내고 2학기 때에는 의주 양실학교養實學校를 잠깐 거쳐, 다시 서울의 경신학교儆信學校로 자리를 옮겼다. 대체로 기독교 계통의 학교들이었다. 양실학교는 1905년 조선예수장로회 의주읍 교회의 발기로 설립되었다. 문일평은 그곳의 교사로 잠시 재직하면서 재정적 지원을 하였다기 때문에 문일평의 셋째 딸 문소영文小英은 양실학교를 아버지가 세운 학교로 알고 있을 정도였다. 경신학교는 당시 교장이 언드우드H. G., Underwood, 元杜尤 박사였고, 교감은 김규식金奎植 박사였다. 문일평은 경신학교에 있는 동안 비교적 자유롭고 유쾌한 생활을 하였다. 경신학교 근무 시절 문일평은 학교가 끝나면 구리개(황금정黃金町)에 있는 조선광문회에 드나들었다. 그것은 문일평이 가장 중시하는 일과였다.

문일평은 당시 한국사 공부에 빠져 있었다. 잡지 『신생』의 인터뷰인

「역사가 문일평씨와의 문답기」에서 당시 문일평의 회고는 다음과 같다.

    예전에 『대한매일신보大韓每日申報』에 신채호 선생이 조선사를 강의하시던 것이 있었는데 그것에서 초보적 일반적 지식을 얻고, 그다음에는 광문회의 출판물 중에 역사에 관한 것이라면 성심으로 읽었다.

    '신채호 선생이 강의하시던 조선사'란 1931년에 신채호가 『조선일보』에 연재하던 「조선사朝鮮史」나 「조선상고문화사朝鮮上古文化史」가 아니라, 1908년 『대한매일신보』에 연재하던 「독사신론讀史新論」을 가리킨다. 뿐만 아니라, 신채호는 1908년 『대한매일신보』에 「이순신전」도 연재하고 있었다. 그러므로 문일평은 처음부터 신채호의 사론으로부터 깊은 영감을 얻었던 것이다.

    한편 잡지 『신생』의 인터뷰에서, 문일평은 광문회 출판물의 섭렵을 통해 한국사 지식을 넓혀나갔음을 밝혔다. 대개 말하면 『삼국사기三國史記』라든지, 『동국통감東國通鑑』이라든지, 『해동역사海東繹史』라든지, 『연려실기술練藜室記述』과 같은 종류들이었다. 이 책들은 조선광문회 설립 이후 순차적으로 간행된 것들이다. 그렇다면 문일평은 1910년 이후부터 지속적으로 신채호의 사론과 조선광문회의 간행 도서들을 섭렵하면서, 한국사 이해의 지평을 넓혀나갔던 것임을 알 수 있다.

상동청년회 토요강습소에서 강연하다

조선광문회는 1910년 10월 최남선의 주도하에 현채·박은식·장지연·유근·이인승·김교헌·최성우 등이 발기하여 설립하였다. 조선광문회는 국망 직후부터 전통 사서史書를 중심한 국학 관련 도서의 수집, 보존, 편찬 등의 문화계승운동을 벌였다. 이런 조선광문회의 특성상 주간, 종사, 고문 등 주요 운영진은 최남선·박은식·김교헌·유근·주시경·김두봉·권덕규 등 국학 분야 인사들이 많았다. 그래서 조선광문회 사무실은 남궁억·문일평·안재홍 등 관련 인사들이 자주 출입하는 사랑방 역할을 하였다.

문일평은 조선광문회를 출입하면서 상동청년회尙洞靑年會에서 주관하는 토요강습소에서 대중강연도 하였다. 최남선이 역사를 강의하고 문일평은 지리를 강의하였다.

상동청년회는 독립협회 회원으로 활동하였던 전덕기가 1903년에 조직한 단체였다. 전덕기는 9세 때 고아가 되어 17세 때 의료선교활동을 하던 선교사 스크랜튼W.B. Scranton을 만난 후 기독교에 입교하였다. 전덕기는 1911년 일제가 조작한 '105인 사건'으로 신민회新民會가 해체되자, 구속된 독립운동가들을 대신해서 오산학교와 대성학교를 운영하였다. 그리고 와해된 신민회 조직을 재정비하는 데 많은 노력을 기울였다.

1904년 전덕기는 여러 청년 지식인들과 힘을 모아 상동교회 안에 중등부 과정의 상동청년학원을 설립하였다. 상동청년학원은 구국운동에 헌신할 인재를 양성하기 위해서 다양한 교육을 실시하였다. 교과내용은

상동교회

한글보급운동, 국사 강의, 외국어 강의, 군사훈련, 자기 수양 등이었다. 상동청년학원의 교사들은 각 분야에서 가장 유명한 학자들이었다. 국사에 장도빈과 최남선, 국어에 주시경, 영어에 스크랜튼 부인(후에 남궁억이 담당), 세계사에 헐버트, 수학에 유일선, 체육에 김창환, 교련에 이필주, 한문에 조성환 등이었다. 전덕기는 성경 과목을 가르쳤다.

직접 교사로 봉사한 사람들 외에도, 이회영·이상재·윤치호·조만식·김규식·이동녕·이동휘 등이 밤마다 상동교회 지하실에 모여 쓰러

져가는 나라의 운명을 되살리기 위한 방안을 모색하였다. 결국 그들은 모두 구한말 대표적인 독립운동 단체인 신민회의 중요 구성원이 되었다. 사람들은 이들을 '상동파'라고 불렀다.

상동교회는 우리나라 최초의 개신교회인 정동교회보다 8년 늦은 1893년부터 스크랜튼이 초대 담임목사로 시무하였다. 상동교회는 남대문 근처 빈민가인 상동 지역에 세워졌다. 그렇기 때문에 서울 양반들이 대부분 정동교회를 다닌 반면, 상민이나 천민들은 주로 상동교회에 다녔다. 그후 애국적 청년들이 전덕기 전도사의 헌신적 생활태도에 감동하여 하나둘씩 모여들면서 근대 애국계몽운동의 산실이 되었다. 문일평은 집안이 부유한 편이었지만, 상동청년회에서 일을 하면서 가난한 민중들의 삶을 조금씩 이해하게 되었다.

전덕기 목사

신민회 회원으로 활약하다

신민회는 1907년 4월 안창호·양기탁·전덕기·이동휘·이동녕·이갑·유동렬 등이 창립하였다. 신민회는 이후 전개되는 한국독립운동의 산실이었다. 양기탁이 총감독, 이동녕이 총서기, 전덕기가 재무원, 그리고 안창호가 집행원의 직책을 담당하였다. 신민회는 대한자강회, 대한협회가 합법 단체였던 것과는 달리 처음부터 비밀결사로 조직되었다. 신민회가 구상한 실력양성 방법은 국민계몽과 교육진흥, 식산흥업, 그리고 국외 군사기지 건설 등이었다.

신민회의 창립과 활동을 주도한 중심인물은 사회 각계각층의 애국계몽세력을 망라하였다. 첫째 양기탁·신채호·박은식·장지연·임치정·옥관빈·장도빈 등 『대한매일신보』와 『황성신문』 등에 종사했던 언론계 인사들, 둘째로 윤치호·전덕기·이상재·이동녕·이준·조성환·최병헌·김정식·김구 등 기독교청년회와 상동교회, 상동청년학원 등에 관계했던 기독교계 인사들, 셋째로 안창호·윤치호·이종호·이승훈·김구·최광옥·이동녕·안태국·전덕기 등 학교 설립자와 교장, 교사 등 교육계 인사들, 넷째로 이승훈·안태국·이종호·최용두·양준명 등 주로 서북 지방에서 상공업에 종사했던 실업계 인사들, 다섯째로 이동휘·이갑·유동렬·노백린·조성환·김희선 등 무관 출신자들이 신민회의 중심인물이었다.

1910년 일본에서 귀국한 문일평은 의주 양실학교 근무 시절에 이미 신민회 회원으로 활동하고 있었다. 신민회 사건으로 일제가 조사 기록한 「백용석白用錫 신문조서」에 의하면, 1910년 9월 중순 신민회 회합에 문일평이 출석한 것으로 나온다. 관서 지방을 중심으로 세력을 확대한 신민회의 활동 지역 중에서 의주는 양실학교가 중심이 되었다. 105인 사건을 신문한 1912년 3월 21일자 경무총감부의 「의견서」에도 "문일평이 일찍부터 신민회원으로서 총독 살해와 같은 위험한 사상을 회원들에게 고취시킨 것"으로 기록되어 있다. 조선총독 살해 기도라는 것은 물론 일제가 신민회를 일망타진하기 위해서 조작한 사건이었다. 그렇지만 일제의 신문기록을 통해서 우리는 문일평이 당시에 신민회 회원으로서 의주 지역에서 지도적 임무를 수행하고 있었음을 확인할 수 있다.

03 상하이 망명

두 번째 일본 유학과 상하이행

교사 생활을 하는 1년 동안 문일평은 학교 교육보다는 '미주행美洲行'에 더 관심이 있었다. 문명화된 서구의 문물제도를 두 눈으로 확인하고 싶어서였다. 그러나 그가 힘을 쏟은 '도미운동渡美運動'은 여행권(여권)을 얻기가 곤란하여 단념할 수밖에 없었다. 그래서 문일평은 미국 유학 대신에 1911년 봄 두 번째 도쿄 유학길에 올랐다.

일본에 간 문일평은 정치학을 배우기 위해 와세다대학早稻田大學 고등예과에 들어갔다. 당시 유학생들이 정치학과 법률학을 배우는 것은 하나의 풍조를 이루고 있었다. 자신들이 한 시대의 책무를 짊어진 듯이 고뇌하면서, 과학이나 예술을 공부하는 학생들을 낮추어보는 경향이 있었다. 문일평도 그러한 풍조에 따라 정치학을 선택하였다.

그러나 문일평은 정치학의 기초가 역사에 있다는 신념을 가지고 가까이 지내던 친구와 함께 청강과 복습을 반복하며 열심히 역사 공부에 몰두하였다. 역사 강의를 들을 때 문일평의 친구는 필기를 하고, 문일평은 교수의 말을 집중하여 듣기만 했다. 그리고 집에 오면 서로 귀로 들은 것과 붓으로 적은 것을 대조하며 교정하는 것이 일과였다.

1912년 7월 문일평은 고등예과 수료 후 와세다대학 정치학과(정치경제과)에 입학하였다. 이때도 정치학 강의보다 우키다 가즈타미浮田和民 박사의 서양사 강의, 쓰보우치 쇼요坪內逍遙 박사의 문학 강의를 주로 청강하였다.

역사 공부에 충실하는 한편으로 문일평은 재동경조선유학생친목회在東京朝鮮留學生親睦會에 참여하여 1911년 10월 1일의 임시총회에서 평의원으로 선출되었다. 또 1912년 1월 3일의 본회에서 조소앙·조만식 등과 함께 회보 발간 장소 교섭위원으로 선임되었다. 아울러 유학생친목회 기관지 『학계보學界報』 창간호의 편집 겸 발행인을 맡아 활동하였다. 문일평은 당시 같은 학교의 안재홍·김성수, 그리고 메이지대학明治大學의 송진우 등과도 교분을 나누었다.

1912년 4월에 간행된 『학계보』 창간호에 문일평은 세 편의 글을 실었다. 「태동문명泰東文明의 유래由來」라는 글에는 '호암산인虎巖山人'이라는 필명을, 그리고 「성星의 일순간一瞬間」이라는 시와 「신춘서회新春書悔」라는 한시에는 '호암虎巖'이라는 필명을 사용하였다. 호암虎巖은 호암산인虎巖山人의 줄임말로, 호랑이가 나올 만큼 깊은 산속을 뜻하였다. 자신을 궁벽한 시골사람으로 자처하는 겸손함을 나타낸 것이었다.

한편 당시 서울에 있는 광문회에서는 장차 도쿄에 출판부를 두고 잡지를 발간하려는 내부 논의가 있었다. 이에 문일평이 그것을 맡아 편집하기로 하였다. 그러던 중 1912년 말 문일평이 갑자기 상하이로 가면서 모든 계획이 무산되었다. 결국 두 번째 일본 유학은 예과 1년 반을 마치고 학부에 올라가 정치학과에서 약 1학기만을 마친 채 끝나고 말았다.

문일평의 갑작스런 상하이행에 대해서는 자신이 각기 다른 회고를 남겼기 때문에 그동안 많은 혼란이 있어 왔다. 「나의 반생」(1935)에서는 도쿄 유학의 권태 때문이라고 했다. 하지만 1939년 4월 8일자 『조선일보』에 홍명희가 쓴 「곡 호암哭湖岩」에서는, 생전에 문일평이 어떤 사람의 욕설 한 마디로 말미암아 학업을 폐하고 술만 마셔 신경쇠약에 걸렸기 때문에 상하이로 갔다고 증언하고 있다.

문일평이 쓴 「나의 동경유학시대」(『조광』, 1938. 3)에 의하면, 문일평이 유학 당시 와세다대학에 결국회潔國會라는 단체가 있었는데, 그 단체에 속해 있던 다부치 도요기치田淵豊吉라는 자가 모욕적 발언을 하여 조선인 유학생들이 극도의 분노 끝에 전부 퇴학하였다는 것이다. 문일평은 그 후 신경쇠약으로 학교를 중도에서 그만두고 바로 중국혁명 시대의 상하이로 갔다고 했다. 그러나 이 회고도 사실과는 약간 차이가 있다.

이른바 다부치 도요기치 사건은 1907년 3월 매년 봄철마다 열리는 와세다대학 정치과 학생들의 모의국회 행사에서 발생하였다. 다부치가 '한국 황제를 일본의 화족華族으로 대우하는 것'을 의제로 제안하자, 이 것이 한국 황실과 민족을 모욕하는 것으로 받아들여지면서 한국인 유학생들의 분노를 샀다. 한국인 유학생들은 학교 당국에 이 의제를 제안한 다부치의 퇴학 처분과 학장의 사과를 강력하게 요구하였다. 그리고 그것이 이루어지지 않자 전원 자퇴를 결의하고, 동맹 퇴학원을 제출하는 등 항의 투쟁을 전개하였다. 당시 유학생들의 친목 및 권익단체인 대한유학생회도 적극적으로 지원하였다. 이에 따라 한국인 유학생들은 학교 당국의 사죄와 다부치 도요기치의 퇴학 처분이라는 성과를 거둘 수 있었다고 한다.

그러나 다부치 도요기치의 고향인 고보御坊시의 공식 웹사이트에는 다부치가 퇴학을 당하지 않고 1908년 와세다대학을 졸업한 것으로 되어 있다. 그 후 다부치는 1909년부터 1915년까지 미국·영국·독일·프랑스 등에 유학하여 정치경제와 철학을 공부하였고, 1920년 총선에서 중의원衆議院 의원에 당선되었다. 이후 5회 연속 당선되어 20년 정치생활을 하는 동안 어느 정당에도 가입하지 않은 채 이상적 정치론을 펼쳤던 철인 정치가로 소개하고 있다.

문일평의 회고는 실제 사실과 약간의 시간 차이가 있지만, 분명한 사실은 문일평이 유학한 1912년 당시에도 다부치를 추종하는 우익 학생들의 도발적 언동이 와세다대학 내부에서 끊이지 않았다는 점이다. 이것이 '순수한' 청년이었던 문일평의 심기를 건드린 것으로 보인다. 문일평이 상하이 유학의 계기로 다부치를 언급한 일, 그리고 문일평이 도쿄에서 남의 중상中傷을 받아 상하이로 갔다고 한 홍명희의 증언을 종합하면, 그러한 결론을 얻을 수 있다.

그런데 1919년 7월 2일자 경성지방법원이 작성한 「문일평 신문조서」에서 문일평의 상하이행에 관한 색다른 기록이 발견되었다. 문일평이 원래 와세다대학에 함께 있었던 중국인 장치장張熾章(1888~1942, 이명

장지루안張季鸞)과 사귀고 있었고, 그 사람을 찾아 상하이에 갔다는 것이다. 장치장은 문일평과 동갑내기였고, 중국 혁명파인 우톄청吳鐵城 등과 가까운 인물이었다. 우톄청은 나중에 중국 국민당 주석 장제스蔣介石의 비서실장을 역임하면서 한국의 독립운동을 원조한 인물이다.

그렇다면 문일평은 와세다대학에서 일본 우익 학생들의 언동에 민족적 비애를 느끼던 중, 함께 공부하던 중국 유학생 장치장을 통해서 중국 혁명에 대한 소식을 듣고, 상하이행을 선택했다고 결론지을 수 있을 것이다.

이것은 조소앙의 경우도 마찬가지였다. 한국 유학생 단체의 대표였던 조소앙 역시 중국 유학생들의 집회에 함께 참여하기도 하고, 중국 유학생회의 대표 다이치타오戴季陶와 개인적 교류를 갖기도 하였다. 우창기의武昌起義 직전인 1910년 5월 하순에 중국 유학생들의 집회가 열리고 있던 도쿄 간다 금휘관錦輝館을 방문한 조소앙은 중국 유학생들로부터 커다란 환영을 받았다. 같은 날 연사로 나선 장빠리에張伯烈의 연설에 많은 감동을 받았다. 조소앙은 중국 유학생들의 애국적 활동을 본받아야 한다는 글을 한국 유학생회의 잡지에 싣기도 했다. 중국 유학생들과의 교류를 통해 중국 혁명운동에 대한 이해의 폭을 상당히 넓혀가면서, 중국 혁명에 대한 긍정적인 평가에 이른 조소앙도 결국 상하이로 망명하였다.

1913년 1월 상하이에 첫발을 내디딘 문일평은 국제도시 상하이의 첫인상에 흠뻑 빠져들었다.

1920년대 상하이 전경

처음 상하이 부두에 내려서 본즉 장려하고도 정제하게 된 시가의 규모가 듣던 바와 같이 과연 동양의 '런던'임을 수긍케 하는 바 있었다. 중국인의 각 점포에는 신중국의 깃발이 펄펄 날며 중국인의 언론기관들은 서로 다투어 신중국 건설에 대한 명론탁설名論卓說을 발표하였다. 이것은 내가 상하이에서 맨 처음으로 본 신중국 자태의 일단이었다.

ㅡ「나의 반생」

'문명'을 동경하던 청년 문일평의 눈에 상하이는 신해혁명으로 꿈틀

대는 역동적인 중국을 대표하는 곳으로 느껴졌다. 특히 첫 번째 일본 유학 시절부터 줄곧 계몽주의적 잡지 발간과 논설 발표에 주력하던 문일평이었다. 그렇기 때문에 상하이에서 혁명정신을 전파하며 활발하게 활약하고 있는 중국 언론사들은 그에게 선망의 대상이었다.

근대화에 대한 꿈은 늘 고국인 조선의 현실을 떠올리게 했다. 문일평이 상하이에 있을 때 가장 기념할 만한 일로 '독립당 수령 김옥균金玉均이 피살된 여관인 동화양행東和洋行을 참관한 것'을 꼽았던 것도 그런 이유에서였다. 그 여관 주인은 관광수입을 노리며 김옥균이 피살된 2층 1호실을 그대로 비워두고 선전광고지를 돌리고 있었다. 그렇지만 문일평은 '이역만리에서 고국을 위하여 철천徹天의 한을 품고 자객의 손에 무참하게도 불귀의 객이 된 김씨를 추억하며' 그날 밤을 뜬눈으로 지새웠다.

갑신정변에 대한 당시 상하이 망명객들의 인식은 점차 질적인 변화를 보였다. 중국에 망명한 독립운동가들의 대부격이던 박은식朴殷植의 경우가 대표적이다. 박은식은 『한국통사韓國痛史』(1915)에서 '난'으로 표현하였던 갑신정변을 『한국독립운동지혈사韓國獨立運動之血史』(1920)에서는 '갑신독립당의 혁명' 또는 '갑신혁당甲申革黨'이라고 수정하였다. 갑신정변이 실패한 원인으로 국민의 동의를 얻지 못한 점, 일본인에게 속은 점, 독립운동을 남의 힘을 빌려 하려 한 점 등을 들며 안타깝게 여겼다. 그러나 박은식은 1884년에 일어난 갑신정변을 이후 30년간 줄기찬 항일운동이 전개될 수 있는 원동력으로 이해하였다. 또한 『한국통사』에서 '동학당의 난'으로 규정하였던 동학농민운동도 『한국독립운동지혈사』에서는 '우리나라 평민의 혁명'이라고 평가하였다.

이 무렵 문일평은 중국에서 박은식을 만나 줄곧 그의 저서를 탐독하면서 한국사를 새롭게 보는 통찰력을 얻었던 것으로 보인다. 박은식이 주목했던 '평민의 혁명'은 앞으로 전개될 문일평의 역사 서술에서 핵심 주제로 떠오른다.

독립운동가들을 만나다

상하이로 간 문일평은 여관에서 며칠을 지내다가 난징으로 건너갔다. 독립지사들을 만나기 위해서였다. 문일평은 당시를 다음과 같이 회고하였다.

> 나는 난징南京에 도착하는 길로 조선 형제를 찾아갔더니 거기는 만절晩節이 높은 백암白庵 박은식 옹이 계시고 6~7인의 청년들이 같이 있었는데, 대개는 일찍 면식이 있던 이로 의외에 나를 만남에 모두 반겨하였다.
>
> — 「나의 반생」

난징에는 박은식의 지도 아래, 문일평과 함께 일찍이 일본 유학 시절부터 조국의 자강과 독립을 고민하던 청년들이 생활하고 있었다. 그때 난징에 있는 조선인은 통틀어야 겨우 십수 명에 지나지 않았다. 난징에서는 자유당사自由黨舍의 안집에 박은식·신상무·신성모·이찬영·이병진·김열·정원택·김덕진·김필한·김정기·신건식·홍명희·정인보 등이 함께 살았다. 이들은 자유당 총무로 있던 류칭劉靖으로부터 중국어를 배우는 등 대학 입학 준비를 하고 있었다. 신규식申奎植·박은식·김규식 등 연장자들은 한인 학생들을 돌보는 일을 하였다.

자유당사는 자유당이 사용하던 건물이었다. 자유당은 리화이상李懷霜, 조우까우周浩, 다이치타오 등을 중심으로 인권과 공화주의를 위해서 1912년 2월 3일 상하이에서 조직된 급진적 정당이었다.

상하이에 온 직후 신규식이 여기에 가입한 뒤 자유당은 난징이나 상하이 한인들에게 가장 중요한 활동거점의 하나가 되었다. 1913년 3월 난징 지역에서는 자유당 본부에 강습소를 만들고 자유당 측 인사의 도움으로 한인 학생들이 중국어를 배우며 대학 입학을 준비하였다. 1913년 8월에 베이징北京·톈진天津 지역의 한인들이 톈진의 일본공사관에 체포되는 사건이 일어났을 때도 신규식은 자유당을 통해 중앙(베이징)에 석방운동을 전개하였다.

상하이에 본격적으로 독립운동의 근거지와 한인사회 터전이 마련된 것에는 신규식의 역할이 컸다. 1912년 2월 초 난징을 거쳐 상하이에 도착한 신규식이 처음 사귄 중국 인사는 혁명파 신문인『민립보民立報』기자 쉬씨에얼徐血兒이었다. 특히『민권보』창간(1912. 3. 28) 직후에는 혁명파 핵심인물인 다이치타오와도 밀접한 관계를 유지하였다. 신규식은 이 인연으로 뒤에 민권보사에 경리로 취직했다. 그 후 민권보사는 상하이 한인 유학생들의 연락처가 되었다. 신규식은 그 외에도 상하이 지역의 대표적 혁명파 지도자인 천치메이陳其美나 쑹자오런宋敎仁과도 교유하였다.

그런 한편으로 신규식은 친위안스카이親袁世凱 입장을 가진 쪽과도 관계를 유지하였다. 1913년 봄 문일평은 신규식의 주선으로 상하이 사마로四馬路에 있는 『대공화일보大共和日報』라는 중국 신문사에 취직하였는데 이 신문사는 친위안스카이 계열의 신문사였다. 그래서 위안스카이 토벌운동에 참여한 김진용金晉庸과 김영일金永一 등은 비판적인 입장을 보였다. 김진용의 재정지원 요청을 거들고 나섰던 김영일은 1913년 9월 안창호에게 보낸 편지에서 당시 상하이에서 활동하고 있던 한인들의 중심 인물인 신규식, 김규식, 문일평 등을 공공연하게 비난하였다. 김영일은 특히 문일평이 친위안스카이의 정치적 입장을 표명하고 있던 대공화일보사에서 일하고 있음을 반동적인 행동이라고 정면으로 공격했다.

신규식 등이 혁명파는 물론이고 친위안스카이 입장을 가진 인물들과도 폭넓게 교류한 것은 나름의 이유가 있었다. 그들은 기본적으로 중국 공화혁명의 성공을 통해 한국의 독립 내지는 한국 혁명에 대한 원조를 얻어내려는 의도가 있었다. 그러나 한편으로 중국 혁명운동에 대한 실망과 좌절을 체험하면서 비관적인 상황 속에서도 계속해서 한국의 독립운동을 도모해야만 하는 현실적 요구와 고뇌가 반영된 결과였다.

문일평은 대공화일보사의 사원들과 같이 숙식하며 일어를 번역해 주었으나 특별히 보수를 받은 것은 아니었다. 견습생 비슷한 신분이었지만 문일평은 그 어느 때보다도 일에 재미를 느꼈다. 우선 한자 작문이 나날이 늘어가는 재미가 컸다. 게다가 신문에 자신의 이름을 걸고 쓴 글이 상하이 시가에 뿌려질 때는 무척 기쁜 마음이 들었다. 한번은 문일평이 중국 문제에 대한 논설을 기고하였는데, 그것이 제1면 사설란에 실렸다. 문일평은 그것을 보고 마치 천하를 얻은 것 같은 기쁨을 느꼈다.

상하이의 생활은 난징의 생활에 비하여 단조롭지 않았다. 아침에는 상하이 명물 '빠우즈'를 먹고 청탕淸湯을 마셨다. 점심과 만찬은 대공화일보관大共和日報館의 우대를 받아 빈번하게 사장, 주필과 같은 상에서 중국 요리를 마음껏 먹을 수 있었다.

상하이에서 문일평의 생활은 도쿄에 있을 때와는 판이하게 달랐다. 양복 아니면 중국옷을 입은 모습은 아주 말쑥한 모던 신사처럼 보였다. 상하이는 문명의 첨단을 걷는 도시였기 때문에 이목을 기쁘게 하는 온갖 오락과 유혹이 만연하였다. 일요일이면 문일평은 황푸공원黃浦公園에 단장을 끌고 나가 매주 정기로 열리는 음악회에 참석하였다. 여기에는 유한계급의 청년 신사와 숙녀들이 참석해 보기 좋은 모습을 이루었다. 상하이의 멋을 감상하기에는 공원음악회보다 더 좋은 곳이 없었다.

이 무렵 상하이에서는 20여 명의 한인 학생들이 보창로寶昌路에 공동 숙소를 마련해 함께 기숙하고 있었다. 이것이 세간에 알려지면서 상하이 주재 일본영사관이나 일본 경찰 측의 정탐대상이 되기도 했다. 상하이에는 김규식·신채호·조소앙·홍명희·정인보 등이 있어 문일평은 이들과 가깝게 지냈다. 그러던 중 1913년 9월 이후 문일평은 신병으로 대공화일보사를 그만두게 되었다.

신문사를 그만둔 후 문일평은 프랑스 조계 정안사로靜安寺路의 어느 서양식 하숙집에 기숙하였다. 그 후 그곳에서 멀지않은 동 조계 내의 애문의로愛文義路에 있는 홍명희 집으로 옮겨 갔다. 이광수가 『나의 고백』에서 프랑스 조계 백이부로白爾部路 22호였다고 기억한 집이었다. 그 집은 2층 양옥으로 침대가 있는 비교적 깨끗한 곳이었다. 홍명희 외에도 조소앙과 정인보가 함께 살고 있었다. 문일평은 이들과 함께 중국인 다방茶房(찬모)을 두고 밥을 지어 먹고, 직접 김치를 담가 먹었다. 그러던 중 조소앙이 며칠 심사묵고하더니, 육성자종六聖子宗을 발명하였다고 선언하였다.

조소앙이 말하는 육성자六聖子란 석가, 공자, 소크라테스, 예수, 마호메트, 조로아스터 등 여섯 성자를 말했다. 이들이 비록 출생한 때와 장소가 다르고 설법한 종지가 다르나 근본 진리에 이르러는 같다는 것이다. 그러므로 사람들이 이 육성자의 근본진리를 잘 파악한 데서만 광명과 행복을 얻을 수 있다고 했다. 문일평은 조소앙의 설교를 듣고서 겉으로는 머리를 끄덕였지만, 스멀스멀 터져나오는 웃음을 겨우 참았다.

그런데 조소앙의 설교를 반복해서 들었기 때문인지, 문일평은 정안사로에 있는 서양식 하숙집에서부터 밤낮 보던 『장자莊子』를 버리고 『불경佛經』을 사다가 읽기 시작하였다. 삶의 의미를 진지하게 고민해 보려는 생각에서였다. 그러나 의욕과는 달리 『불경』은 너무 어려워 이해하지 못하는 부분이 많았다. 신채호에게 가르침을 청하였지만, 신채호는 웃기만 할 뿐이었다. 신채호의 눈에 비친 문일평의 『불경』에 대한 관심은, 그의 천진난만한 성품에 의한 한때의 호기심이라고 생각한 듯했다.

신채호는 우리 역사뿐만 아니라 불교에 대한 이해도 깊었다. 물론 훗날의 이야기이지만, 정식으로 승려가 되었던 적도 있었다. 1923년 1월부터 국민대표회가 소집되어 임시정부의 존폐를 둘러싼 갈등이 고조되었다. 이 광경을 본 신채호는 실의와 좌절에 빠져 무정부주의와 불교에 더 깊은 관심을 보이게 되었다. 그러다 결국 베이징 순치문 안에 있는 석등암으로 출가하였다. 그리고 1924년 3월 베이징 교외의 관음사에서

61일간의 계를 마치고 정식으로 승려가 되었다. 신채호는 1925년까지 6개월간 『유마경』, 『능엄경』을 연구하였고, 마명의 『대승기신론大乘起信論』도 깊이 연구하였다.

불교 강론 청을 신채호가 거절하자, 문일평은 상하이 근교에 있는 해조사海潮寺를 찾아가 중국 승려들에게 가르침을 청하였다. 그러나 그들도 문일평의 청에 귀를 기울이지 않았다. 그래서 문일평은 끝내 『불경』을 송독하지 못하였다. 그러나 그때 문일평은 처음으로 우리나라 원효元曉 스님의 「대승기신론소大乘起信論疏」가 중국 불교계에서 크게 활개치고 있는 것을 보고 아주 기뻐하였다.

문일평은 1933년 『조선일보』에 연재한 「사안史眼으로 본 조선朝鮮」에서 원효를 중요한 인물로 다루었다. 이 글 제7장 「사상계思想界의 3위인三偉人」에서 문일평은 세종을 가장 위대한 인물로 놓고 그 이전에는 원효대사가, 그 이후에는 퇴계 선생이 있었을 뿐이라고 단언하였다. 세종은 민중을 발견해서 민중 본위의 문자를 발명한 왕이었고, 원효와 퇴계는 불유佛儒의 철학을 완성하고, 그 교세를 넓힌 고금 사상계의 쌍벽으로 평가하였다.

비록 치밀하게 불교에 대해서 공부하지는 못했지만, 문일평은 이때 삶의 본질에 대해서 깊은 사색에 빠졌다.

이때 나는 인생에 대한 비관이 생겨 한참동안 남모르게 번민하고 있었다. 낮에는 흔히 소앙과 함께 불란서공원에 가서 소요하고 있었으며, 달밤에는 간혹 혼자 그 공원 옆에 있는 중국인 공동묘지에 가서 촉루髑髏(해골)를 베개하고 누워있기도 하였다. …… 왜 이처럼 괴상한 행동을 하였는가 하면 내가 일찍 『남화경南華經』을 읽다가 장자莊子의 촉루를 베개하고 꿈꾼 것을 보고서 깊이 암시를 받은 때문이다.

그 실은 이보다 앞서서 내가 도쿄에 있을 때 엑스광선에 비친 나의 전신이 보기만 해도 끔찍한 해골임을 발견하였다. …… 이것이 내 뇌수에 깊이 박혀 이로부터 내 안목에 보이는 세상 사람은 모두 엉성한 해골뿐이다.

나의 선입 인상이 이러하므로 이때 진정한 촉루를 관망함에 이상한 감념感念이 북바쳐 촉루에게 속삭이되 너도 얼마 전에는 나와 같이 의식이 있고 호흡이 있었건만 나도 얼마 후에는 너와 같이 의식이 없어지고 호흡이 없어지리라. 그러면 너와 나와 무엇이 다르냐. 너의 말을 좀 들어보자 하고 인하여 촉루를 베개하고 꿈을 청하나 꿈을 이룰 수 없었다.

상하이에서 달콤한 문명생활에 탐닉하던 문일평은 돌연 종교적 철학적 사색에 몰두하면서 생의 의미를 관조하게 되었다. 이를 통해 인생의 허무주의를 딛고 일어서 생사를 초월하여 독립운동의 길로 나아가게 되는 사상적 무장을 하게 되었다.

동제사와 박달학원

1913년 문일평은 신규식이 주도하였던 동제사同濟社라는 독립운동 단체에 참여하였다. 상하이의 한인사회에서 선구적으로 활동한 신규식은

1912년 4월 중순 상하이에서 쑨원孫文을 면담하고, 7월 4일 상하이 최초의 한인 비밀결사인 동제사를 조직하였다.

동제사는 '같은 배를 탄 사람끼리 서로서로 힘을 합해야 함께 살 수 있다'는 '동주공제同舟共濟'의 뜻을 함축하고 있었다. 표면상으로는 동포들의 상호 부조 기관이란 명분을 내세웠지만 실제적으로는 국권회복을 목표로 하여 복국復國운동을 전개했던 독립운동 단체였다. 회원이 많을 때는 300여 명에 이르렀는데, 그 중심인물은 박은식·김규식·신채호·문일평·조소앙·홍명희·박찬익·신건식 등 15명이었다.

동제사는 군사교육을 강조하였다. 동제사는 중국의 인사들과 협의하고 한국 학생을 보정군관학교, 천진군수학교, 남경해군학교, 오송상선학교, 호북강무당, 운남군관학교(운남강무당), 항주체육학교, 귀주강무당 등에 보내 약 10년 동안 100명 정도의 졸업생을 배출했다. 특히 신규식이 이범석을 운남강무당에, 김홍일을 귀주강무당에 각각 보내어 독립운동계의 큰 인물로 성장시켰다.

신규식은 또한 이와 별개로 1912년 말에서 1913년 초 사이에 한중 양국 혁명지사들을 연결하고 우의를 증진시키기 위해 신아동제사新亞同濟社라는 조직을 만들었다. 여기에는 당시 국민당(혁명파)의 주요인사들, 쑹자오런, 천치메이, 후한민胡漢民, 다이치타오, 랴오쭝카이廖仲愷, 조우루鄒魯, 쉬치엔徐謙, 쟝지張繼 등이 속해 있었다. 신아동제사는 신규식과 중국동맹회 지도자인 천치메이가 중심인물로서 한중 우호와 조선 독립을 목적으로 삼았다. 신아동제사는 1940년대까지 다양하게 나타나고 있던 한중 연대조직의 출발점이라는 중요한 의미를 가진다.

동제사는 장차 독립운동에 중추가 될 인재 양성을 위해 1913년 12월 17일 상하이 프랑스 조계 지역의 명덕리明德里에 박달학원博達學院을 설립하였다. 1913년 11월 중순에 신규식이 상하이 프랑스 조계 지역의 명덕리로 이주하면서 그곳에 학생들이 집단으로 거주하게 되면서 이것이 박달학원으로 발전한 것이다.

이 학원은 중국과 구미 지역에 대한 유학의 예비과정으로 특설되었다. 과정은 1년 반이었고, 교과목은 영어·중국어·지리·역사·수학 등이었다. 이 학원의 지도교수는 박은식·신채호·홍명희·문일평·조소앙 등과 중국인 눙주農竹 및 미국 화교 마오따웨이毛大衛 등의 석학들이었다. 여기서 교육받은 청년들은 3기에 걸쳐 백여 명 이상에 이르렀다. 이들은 지원하는 바에 따라 중국 각 학교 및 구미로 유학하였다. 박달학원의 설립과 유학 주선은 장차 임시정부를 구성할 때 실무진을 충원하는 좋은 밑거름이 되었다.

박달학원 출신의 청년유학생 및 신민회 출신의 청년들은 다시 주축이 되어 1918년 11월에 신한청년당을 조직하였다. 신한청년당은 동제사의 전위조직으로 파리강화회의에 대표를 파견하였다. 이때 신규식은 자신의 이름으로 한국에 대한 원조를 요청하는 전보를 보냈고, 대표 파견을 강력하게 후원하였다.

동제사의 독립운동은 국제무대에서의 외교 활동에 큰 비중을 두었다. 당시 상하이에 기주하고 있던 독립운동가들이 직접 군대를 조직할 수 없었기 때문에 외교 활동에 치중할 수밖에 없는 한계가 있었다. 이러한 적극적인 외교 활동 노력은 국제적 대외관계 속에서 한국의 현실을 직시할 수 있는 국제적 혜안의 중요성을 문일평의 역사 인식에 깊이 각인시켰다. 문일평이 나중에 역사 서술을 통해서 주장한 실리 위주의 정치외교사 인식과 관련이 있다.

중국에서 귀국하다

문일평은 1914년 봄에 상하이에서 귀국하였다. 어떤 이들은 문일평이 귀국 직전 홍콩에 가서 박은식이 발간한『향강잡지香江雜誌』의 창간호 발간을 도왔을 것이라고 추측하기도 한다. 정인보가 쓴「개결무구介潔無垢의 박은식朴殷植 선생先生」(1925)이란 글이 단서가 되는데, 그에 의하면, 홍콩에서 잡지를 발행해 줄 것을 간절히 원하던 김범재金凡齋(본명 김규흥金奎興)의 초청으로 1913년 10월 7일 홍콩에 도착한 박은식은 두 달가량 준비 끝에 1913년 12월 20일『향강잡지』창간호를 발간하였다. 박은식이 홍콩으로 갈 때 정인보와 그 동료들에게 같이 가자고 하였으나, 정인보 등은 같이 출발하지 못하고 그 뒤에 홍콩으로 갔다고 한다. 이때 정인보는 상하이에서 홍명희·조소앙·문일평과 함께 생활하고 있었다.

일제의 정보자료에도 홍명희가 홍콩에서 발행하는『향강잡지』를 겸재兼幸하고 있다고 기록하였다.『향강잡지』창간호에는 모두 14편의 논설이 실려 있다. 그 가운데 확인되는 7편 정도를 박은식이 저술한 것으로 보이고, 그 외에 조소앙과 신채호의 논설이 각 1편, 정인보의 번역글이 1편 실려 있다. 문일평을 포함하여 상하이에 있던 청년들이『향강잡지』창간을 도운 것은 확실해 보인다.

그러나 문일평이 실제로 홍콩을 다녀왔는지는 알 수 없다. 문일평 자신의 회고는 물론이고, 다른 인사들의 기록에서 아직까지 이에 대한 직접적인 자료가 발견되지 않고 있다. 홍명희가 『향강잡지』를 겸재하고 있었다고 기록한 일제의 자료에도 조소앙과 문일평에 대해서는 별다른 언급 없이 1914년 3월 당시 두 사람이 상하이에 거주하고 있는 것으로 적고 있을 뿐이다. 또 문일평이 당시 '문방文芳'이라는 이명을 사용하고 있었다고 기록하고 있다.

정인보와 문일평은 앞다투어 귀국하였다. 정인보는 1913년 11월 귀국길에 안둥현安東縣에서 이광수를 만났고, 문일평도 1914년 4월 이후에 안둥현을 거쳐 귀국하였다. 그 후 문일평은 1914년 가을 안둥현 만철병원滿鐵病院에 신경쇠약으로 입원하였다. 나중의 일이기는 하지만, 일제가 신간회 사건으로 1927년에 작성한 정보문서에 의하면, 문일평은 극도의 신경쇠약증이 있어서 불면증 때문에 밤마다 술에 의지하는 습관이 있다고 했다. 문일평은 1912년 2차 일본 유학 당시에도 신경쇠약증을 앓고 있었다.

귀국 후 고향에 머물던 문일평은 1917년 1월부터 일제 경찰의 갑종 요시찰인물로 편입되었다. 이유는 분명히 밝혀지지 않았지만, 때마침 그해 7월에 「대동단결선언」이 상하이에서 발표되었다. 신규식·조소앙·신석우·박용만·박은식·신채호·홍명희·윤세복·조성환·김규식 등 14명의 한인 애국지사들 명의로 작성된 것이다. 이들은 미주 지역의 박용만을 제외하면, 거의 동제사와 관련된 인물들이었다.

이 선언은 1910년 8월 29일에 있었던 순종의 주권 포기는 결과적으로 황제 주권이 국민에게 상속된 것이나 마찬가지라고 하여, 조선의 주권이 지속되고 있음을 천명하였다. 이 선언은 1918년에 결성된 신한청년당, 1919년에 출범한 대한민국 임시정부의 공화주의와 삼권분립에 커다란 영향을 주었다.

융희 황제가 삼보(토지, 인민, 정치)를 포기한 8월 29일은 즉 우리 동지가 삼보를 계승한 8월 29일이니, 그 동안에 한순간도 숨을 멈춘 적이 없음이라. 우리 동지는 완전한 상속자니 저 황제권 소멸의 때가 곧 민권 발생의 때요, 구한국 최후의 날은 곧 신한국 최초의 날이다.

이같은 내용의 「대동단결선언」은 러시아 연해주의 블라디보스토크와 니콜스크-우수리스크, 미국의 샌프란시스코, 하와이, 중국의 만주, 베이징, 상하이에 있는 한인 지도자들에게 배포되었다. 이 선언에서 국민주권의 공화주의를 천명하고, 임시정부와 같은 통일적인 독립운동 조직의 결성을 제창하였다. 비록 문일평의 이름이 여기에 등장하지는 않았지만, 이 선언문의 주체들이 상하이와 난징에서 문일평과 가깝게 지냈던 동제사 인물들이었던 점은 주목할 만하다.

3·1운동을 통해 일제에 항거하다 04

3·1운동의 발발

1919년 거족적인 3·1운동이 일제의 압제 속에서도 폭발하였다. 일제는 한반도를 강점한 후 1910년대 내내 무단통치를 강행하였다. 경찰 업무를 맡은 헌병은 수상한 용의자를 즉결처분할 수 있었다. 소학교 교원들마저도 칼을 차고 다니면서 어린이들에게 위압감을 주었다. 그러다가 3·1운동이 발발하자, 일제는 놀라움과 당혹감을 감추지 못하였다. 그리하여 무단통치에 대한 비판과 반성이 크게 일어났다. 그중에는 한국 민중은 중세까지 일본 민족보다 문화수준이 높았는데, 그런 민족을 무단통치 방법으로 다스려 3·1운동이 일어났다는 내부 분석도 있었다.

  3·1운동은 그동안 일제에 의해서 자행된 강압지배의 결과였다. 농민과 노동자들은 물론 지식인과 중소지주층과 상인 등 자산계급에 이르기까지, 각계각층의 실제 생활에 그만큼 타격을 주었기 때문이다. 그리하여 3·1운동은 각계각층의 한국인이 참가하는 거족적 운동으로 확대

되었다.

 3·1운동의 1단계는 발화단계였다. 48인의 민족대표는 비밀리에 독립선언문을 작성하였다. 여기에 33인이 서명하고, 독립을 선언함으로써 운동에 불을 지폈다. 민족대표들은 청년·학생층과 일반 민중이 기다리고 있는 탑골공원에는 나가지 못하고, 태화관에서 독립을 선언하는 데 머물렀다. 그들은 독립의 뜻을 일제 당국에 표시하는 것에 만족하고자 하였다. 그러나 민족대표가 독립을 선언하였다는 소식은 곧장 탑골공원에 모여 있던 민중들에게 전해졌다. 결국 민족대표들의 독립선언은 거족적인 항일민족운동이 일어나는 도화선이 되었다.

 3·1운동의 2단계는 민족대표들의 선언에 이어 만세운동이 전국 주요 도시로 확산된 단계이다. 이것은 주로 청년·학생과 교사 등 지식인, 도시의 노동자 및 상인층에 의해서 수행되었다. 독립을 선언하는 데 그친 민족대표들의 3·1운동을 전국 주요도시로 확산시키는 역할은 비밀결사에 참가하고 있던 학생들과 젊은 지식인층이 담당했다. 여기에 노동자·상인층 등이 호응했다. 전국 주요 도시에서 상인들이 철시撤市로 호응했고, 특히 노동자 층의 호응은 민감했다.

 민족대표들은 최고 3년형을 받았다가 일본의 회유정책으로 형기 전에 모두 풀려났다. 이에 비해, 시위에 참가한 민중의 피해는 대단히 컸다. 평화적 방법으로 시작된 시위는 일본이 무력으로 탄압함으로써 희생자들이 늘어났다. 전체 인구의 1퍼센트나 되는 약 200만 명이 만세시위에 참가한 것으로 추산된다. 그중 공식집계만으로도 7,500여 명이 살해되었고, 4만 6,000여 명이 검거되었으며, 1만 6,000여 명이 부상당

종로 보신각 앞 3·1만세시위 모습

했다. 그리고 49개의 교회와 학교, 715호의 민가가 불에 탔다.

「애원서」를 낭독하다

문일평도 3·1운동에 적극 참여하였다. 1919년 2월 3일 도쿄 유학을 목적으로 상경했던 문일평은 3·1운동을 목격하고 3월 8일 오후 안동교회 김백원金百源 목사를 만나 후속조치를 협의하였다. 그리고 스스로 새로운 독립선언서를 작성하였다. 3월 1일 손병희 외 32명이 독립선언을 발표하고 체포된 것에 대한 후속조치였다. 문일평은 '조선 독립은 동포 2천만의 요구다. 우리들은 손병희 등의 후계자로서 조선독립을 요구한

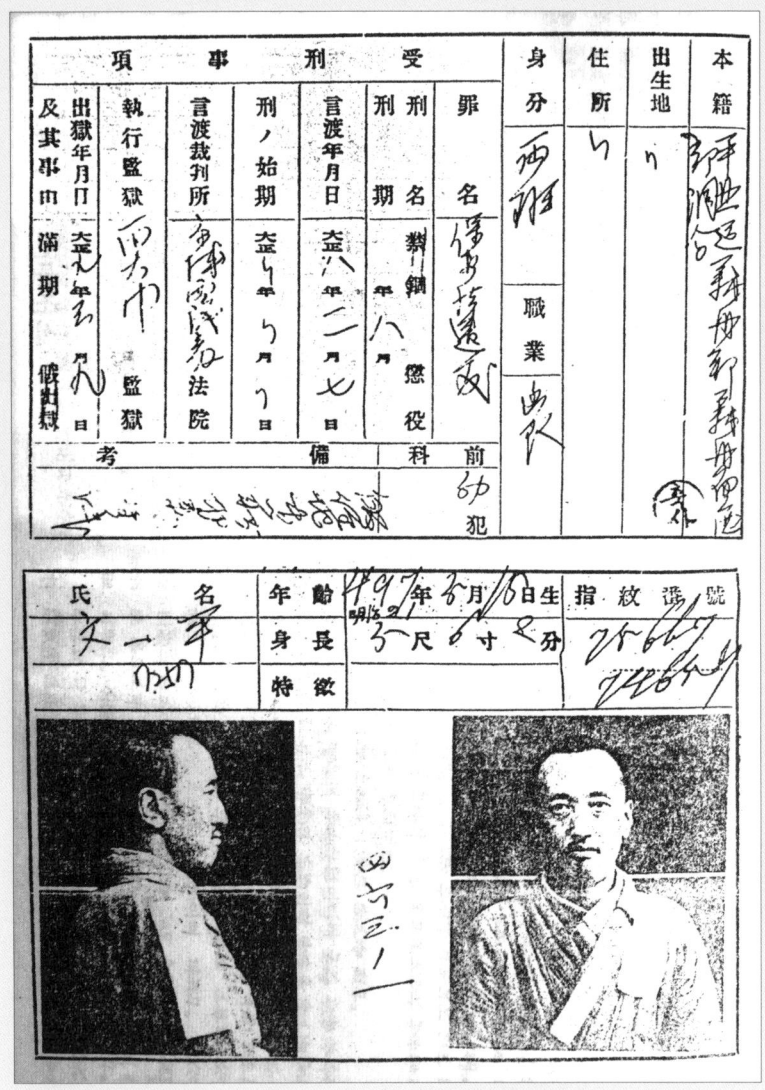

1919년 문일평 수형기록카드

다'는 취지의 「애원서哀願書」를 작성하였다.

　문일평은 3월 11일 오전, 작성된 문서를 김백원에게 보냈다. 3월 12일 오전 서린동의 영흥관永興館이라는 중국 음식점에서 김백원과 승동교회 목사 차상진·조형균·문성호·김극선·백관형 등과 함께 이 문제를 협의하였다. 하세가와 요시미치長谷川好道 총독에게 보내는 청원서 형식으로 된 「애원서」는 당일 오후 '김백원과 차상진 등 12인'의 명의로 발표되었다. 그리고 문일평은 보신각에서 「애원서」를 직접 낭독하여 다시 한 번 독립만세 시위운동에 불을 붙였다.

　문일평은 즉각 일본 경찰에 체포되었다. 이로 인해 1919년 11월 6일 경성지방법원에서 징역 8월형을 언도받고 옥고를 치렀다. 미결수로 감옥에 있던 기간이 계산되어 1920년 3월 9일 출옥하였지만, 실제로는 만 1년 간의 수감생활을 겪었다. 「애원서」에 관여된 인물은 대부분 기독교 신자와 유생들이었다. 관련자 7명이 징역 8개월형을 받았다.

　문일평은 신문 과정에서 당당하게 자신은 오래전부터 조선의 독립을 꿈꾸고 있었다고 답변하였다. 1919년 7월 2일에 있었던 문일평에 대한 신문 과정에서 문일평은 조선총독부 판사의 질문에 다음과 같이 답변하였다.

문 : 조선의 독립에 대하여 항상 어떤 생각을 가지고 있었는가?
답 : 독립이 되면 좋겠다는 생각을 이전부터 가지고 있었으나 독립을 시
　　 킬 힘은 없었다.
문 : 왜 독립을 하면 좋겠다고 생각했는가?

답 : 자유의 국민이 되고 싶기 때문이다.

　문일평은 어릴 적 고향 땅에서 벌어지는 러일전쟁을 보면서 완전한 자유와 독립을 동경했다. 1차 일본 유학 시절에는 『태극학보』에 「자유론」이라는 글을 발표하여 자유와 독립의 소중함을 강조하였다. 3·1운동으로 감옥에 갇히는 신세가 되었지만, 문일평은 조선총독부 판사 앞에서 당당히 조선의 독립과 자유 국민의 희망을 역설하였다. 진정한 자유독립은 민중의 각성된 힘에서 나온다는 사실을 문일평은 이때 가슴에 깊이 새기고 있었다.

역사가로 첫발을 내딛다 05

이순신을 부활시키다

1920년 3월 9일 문일평은 서대문형무소에서 출감하였다. 문일평은 서대문형무소에서 출옥하자마자 1920년 4월 2일 『동아일보』에 「삼각산三角山」이라는 한시를 발표하였다. 「삼각산」은 하늘과 곧장 닿을 듯이 수직으로 뻗어 오른 흰색의 삼봉三峯, 그 밑에 오랜 역사를 간직한 채 숨죽이고 있는 서울의 풍광을 읊은 것이다. 역사의 무상함과 적막감이 짙게 배어나온다. 「삼각산」은 출옥 후 문일평의 글쓰기가 재개되었음을 알리는 신호탄이었다.

1920년 8월에 문일평은 한성도서주식회사 출판부 촉탁으로 취직하였다. 이 회사는 1920년 5월 민간자본 30만 원을 출자금으로 하여 설립되었다. 출판을 통해 민족정기를 복돋우고자 하는 독립지사들의 협력으로

문일평이 쓴 한시 「삼각산」
(『동아일보』 1920년 4월 2일)

세워진 것이었다. 이봉하·김윤식·양기탁·오천석·김억·김동인 등이 간부와 실무진으로 참여하였다. 이 회사에서는 잡지 『서울』과 『학생계』를 발행하였다. 1934년 이후에는 진단학회의 학술지 『진단학보』를 후원, 발행하였다. 문일평도 1920년부터 잡지 『서울』과 『학생계』에 몇 편의 한시와 사화물史話物을 게재했다.

「삼각산」 이후 문일평이 가장 먼저 발표한 역사물은 민족의 성웅 이순신 장군에 관한 번역물이었다. 일본 육군대위 시바야마 나오노리柴山尙則가 쓴 이순신의 전기, 『조선 이순신전』(1892)를 번역한 것을 1920년 9월 『서울』 제6호에 「일본인 저술著述한 이충무전李忠武傳」이라는 제목으로 발표하였다.

문일평이 직접 이순신 전기를 집필하지 않고 일본인의 저술을 그대로 번역한 것은 나름의 이유가 있었다. 외국인이, 더군다나 우리 민족을 지배하고 있는 일본 군인이 칭송한 이순신전을 소개함으로써 절망에 빠진 민중을 각성시키고자 한 것이다. 당시의 문일평으로서는 이러한 방법이 나라를 빼앗긴 지식인이 할 수 있는 가장 효과적인 방법이라고 판단하였던 것 같다.

이때 문일평은 '호암생湖巖生'이라는 필명을 사용하였다. 1912년 발간된 『학계보』에서 확인된 이래 1920년 4월 「삼각산」이라는 한시를 발표할 때까지 사용하던 '호암虎巖'이란 호를 '호암湖巖'으로 바꾼 것이다. '호암湖巖' '호수가 있는 평온한 산골'이라는 뜻으로 그곳은 옥살이 이후 그가 지향한 이상향이자, 모든 것을 달관하게 된 그의 초연한 마음을 드러낸 필명이었다.

日本人 著述한 **李忠武傳**

陸軍大尉　柴山尙則
湖嚴生　譯

第一章　總論

遠하면 塊諸의 戰에 船이 沈하며 櫓이 擢하야 浮屍가 海를 蔽하니 그 狀이 慘憺하고 近하야 函館의 戰에 砲가 轟하며 丸이 飛하야 流血이 河를 成하니 그 勢가 激烈하도다. 然하나 今에 日本人의 觀念을 擧去하고 日本人의 處地로 試論하면 發源이 魚를 驅하는 武勇과 猛虎가 閼를 倚한 萬威로 西波底에 沈하던 軍艦을 擊하고 板木氏의 五稜廓頭에서 塑을 揮하고 蝸牛角上에 蠻觸의 相爭함이 아니라 반다시 芥子粒中에 微物의 戰함이라. 何故오 그 勝捷이 一國의 榮譽에 補益이 되지 못하고 만일 外國과의 交戰에 關함이 되지 아니함이라 그 勝이 小하야도 國의 榮譽에 關함이 大하고 敗도 自國의 恥辱을 貽함이 多할뿐더러 歷史上의 勝敗榮辱

第二章　舜臣의 世系

李舜臣의 字는 汝諧이니 德水人이라. 그 先世에 諱—祖의 有하니 官이 判府事에 至하야 名으로써 聞하고 曾祖의 諱는 距이니 일즉 家人이 되어 야 橫을 强勸하야 絲毫도 假借치 아니함으로 百僚가 一皆 畏하야 虎臣이라 稱하더라 祖의 諱는 百祿이니 門蔭으로써 官을 得하고 父의 諱는 貞이니 隱居하야 出仕치 아니하다 舜臣이 仁宗元年三月 八日에 漢陽乾川洞邸에서 誕生하니 母 夫人의 夢兆로써 舜臣이라 命名하다

第三章　舜臣의 性格과 出處

舜臣의 稟性이 雄偉豪俠하야 幼時에 群兒로더부러 戱 嬉할새, 弓矢를 常持하고 閭里를 橫行하다가 그 意에 슴치 아니하면 射함으로써 長老까지 此를 憚하야 門을 過치 아니하더라 李氏累世—儒로써 朝廷에 仕하더니 舜臣에 至하야는 武科에 及第하야 權知訓練院 奉軍가 되다

瞻하에 兵曹判書 金貴榮이 庶女로서 그 妾을 삼고자

문일평의 「일본인 저술한 이충무전」은 비록 번역물이었지만, 문일평이 최초로 낸 역사물이었다. 일본 유학 시절 문일평에게 한국사의 존재를 일깨워준 존재도 바로 이순신이었다. 또 그가 신채호의 「독사신론」을 공부할 때 함께 섭렵한 것도 신채호의 「이순신전」이었다. 공교롭게도 문일평이 「이순신전」을 발표하자, 얼마 후 박은식도 상하이에서 「이순신전」을 연재하기 시작했다. 린쩌펑林澤豊이 '중한혁명'을 고취하기 위해 창간한(1921. 10. 10) 『사민보四民報』에 1923년부터 연재를 시작하였다. 독립운동가들이 일제의 압제에서 얼마나 이순신과 같은 영웅을 갈망하였는지 잘 보여준다. 문일평은 「이순신전」 발표 이후부터 본격적인 역사가로 활동하기 시작하였다.

역사가로 데뷔한 문일평의 1920년대 기록물을 통해 주목되는 것은 전쟁물을 많이 다루었다는 점이다. 1927년 1월 「정묘호란」을 필두로 1928년 5월에는 「을지공의 살수대첩」, 그리고 1929년 4월에는 「강감찬 귀주대승첩」으로 이어졌다.

문일평은 힘없는 나라에서 태어난 것이 원통했다. 3·1운동 때 잡혀 심문을 받을 때에도 진작부터 독립을 바랐으나, 힘이 없어 독립을 이루지 못했다고 말하였다. 그러나 독학을 통해 비록 지금은 나라가 망하였지만, 우리 역사 속에도 자랑거리가 있음에 고무되었다. 그가 역사를 공부하던 처음에는 역사 속에서 힘으로 힘을 제압한 경우가 가장 통쾌하다고 여겼다.

나라가 힘이 없어 망했다는 사실 때문에 초학 시절에 역사 연구에서

1933년 8월 1일 「조선일보」에 연재한 이순신 관련 사화

조선사화 「을지공의 살수대첩」 표제

가장 흥미를 가졌던 부분은 대개 우리 민족이 외적과의 전쟁에서 이긴 사실을 읽을 때였다.

조선(우리나라)이란 것이 너무도 약하고 남을 숭배만 하는 나라인 것 같아서 그것이 분하고 원통하게 생각이 되었다. 그래서 나의 입장에서는 조선이 대국을 이겨낸다는 것은 큰 승리감과 우월감을 얻는 것이었기 때문에 가장 마음이 통쾌하고 기뻤다. 예를 들면, 살수와 안시성에서 고구려의 당당한 무용이 빛난 것을 읽을 때에는 물론이고, 고려 현종 때에 강감찬이 거란을 꺾은 귀주대첩 같은 것, 또 고려 예종 때 여진 정벌에 승첩한 윤관의 9성 전역 같은 것이 통쾌했다.

– 『신생』, 「역사가 문일평씨와의 문답기」, 1929. 5

『신민공론』 동인과 단연동맹회 활동

당시 문일평은 여러 계몽단체에 소속되어 활동하였는데 1921년 6월에는 잡지 『신민공론新民公論』의 동인으로 활동하고 있었다. 『신민공론』은 계명구락부啓明俱樂部에서 만든 잡지였다. 계명구락부는 1918년 최남선·오세창·박승빈·이능화·문일평 등 33인이 발기하여 만든 민족계몽 단체였다. 우리 문화의 이해 증진과 문화 발전에 노력하고자 하는 목적이 있었다. 실력양성론의 입장에서 낡은 사상 및 관습의 개혁을 위해 활동하였다. 말과 글·예의·의식주 등 일상생활의 개선을 연구, 선전하고자 『신민공론』·『낙원』·『신천지』·『신청년』 등의 잡지와 책을 간행하였다. 또한 계명구락부에 신문·잡지와 각종 서적을 갖추어 놓고 일반인들이 볼 수 있도록 하였다.

『동아일보』 1922년 2월 24일자 보도에 의하면, 문일평은 당시에 단연동맹회斷煙同盟會 발기인으로도 참여하고 있었다. 문일평을 비롯하여 이원식·윤명은·이경희·박영모·이관직·오계환·이수영·이호연·오상근·서세충·이원혁·유진하·조정환·노병희·이원태·조남익·이영·김영준·김응집 등이 발기인으로 참여한 단연동맹회는 경성부 인사동

단연동맹활동 기사(『동아일보』 1922년 2월 24일)

寺洞 신광사新光社 안에 임시사무소를 두었다. 본회는 경성에 두고 각 지방 도시에 지회를 두어 금연을 권장하였다. 금연을 통해서 저축한 금전은 학문의 권장에 쓸 것을 규약하였다.

애국청년들을 양성하다

문일평은 민족대표들이 투옥된 후 3·1운동의 불씨를 되살리고자 보신각 앞 군중들을 향해서「애원서」를 낭독하였다가 옥고를 치렀다. 출옥한 후에는 여러 학교의 교사생활을 전전하며 우리 역사 이야기를 통해서 학생들에게 애국사상을 길러주었다. 문일평은 1922년에서 1923년까지 중동학교 교사로, 1924년에서 1925년 4월 초까지는 송도고등보통학교 역사 담당 교사로 근무하였다.

1927년에 중외일보사中外日報社 논설부 기자로 있으면서, 잠시 경성여

자상업학교에서도 교편을 잡았다. 그때 문일평의 가르침을 받고 애국운동에 뛰어든 사람이 바로 송계월宋桂月이었다. 그녀는 1929년 광주학생사건 때 경성여자상업학교의 대표격으로 앞장섰다가 옥고를 겪었다. 그 후 개벽사에서 발행하던 『신여성』의 기자로 활발하게 활동하였다. 그녀는 학생 시절에 문일평 선생의 가르침으로 애국운동에 앞장섰다고 주변 사람들에게 말하곤 하였다.

1929년 문일평은 조선일보사에 다니고 있었다. 그러면서 그해 봄부터 배재고등보통학교 교사를 겸직하였다. 1985년 6월 8일자 『경향신문』에는 배재고보 당시 꼬장꼬장했던 문일평 선생을 기억하는 제자의 기사가 보도되었다. 배재고보를 나와 1948년 가을부터 25년 간 모교에서 유도를 가르친 유도 9단 배경렬의 기사였다. 그의 회고에 의하면, 당시 배재고보의 학풍이 워낙 민족주의적인 색채가 강해서 친일 교사는 견뎌내지 못했다고 한다. 그 뒤에는 문일평 선생이 있었다고 회고했다. 아직도 역사시간에 "이놈들아! 지금이 졸기나 할 시간이냐? 그 따위로 공부했다가는 ……" 하고 호통을 치던 은사 문일평의 목소리를 잊지 못한다고 했다.

배재고보 시절 문일평의 제자로 우리에게 잘 알려진 또 하나의 인물이 1933년 졸업하여 후에 연세대 사학과 교수를 지냈던 홍이섭이다. 농촌계몽운동가로 알려진 홍병선 목사의 아들로 태어난 그는 배재고보 시절 민족사학자 문일평의 역사교육을 받았고, 그 사실을 줄곧 자랑스럽게 여겼다고 한다.

그 뒤 연희전문에서 당대 최고의 국학자인 정인보·최현배·백낙준·

하경덕·김윤경·백남운 등의 학풍을 이어받았다(1938년 졸업). 홍이섭은 다산茶山을 중심으로 하는 문일평의 조선학운동의 영향을 받아 1959년 『정약용의 정치경제사 연구』라는 책을 출간하였다. 이후 조선 후기 실학을 집대성한 정약용의 사상에 대한 본격적이고도 종합적인 연구를 시도하였다. 홍이섭 연구의 특징은 실학 연구의 연장선상에서 한국사상의 맥락을 여러 각도로 이해하려고 노력한 것이었다. 1950년대에 그는 실학 외에도 문화의 교섭사라는 측면에서 서학西學에 대해 관심을 보였다. 1960년대부터는 독립운동사 연구에 골몰하면서 특히 그 시대의 정신사를 연구과제로 삼았다. 이와 같은 홍이섭의 연구 주제들은 여러 가지 면에서 스승이었던 문일평의 한국사 연구를 계승한 측면이 짙은 것으로 평가되고 있다.

문일평은 1931년 4월까지 배재고보 교사로 재직하였고 이어서 1931년 4월 30일 중앙고보의 조선사 담당 교사로 취임하였다. 1932년 8월 그가 중앙고보를 그만두자 9월 1일자로 이병도가 후임으로 취임하였다.

06 사회경제사관을 통한 한국사 해석

사회주의사상에 공명하다

1920년대의 역사가 문일평을 평가할 때 가장 큰 특징은 그의 계급투쟁적 민중사관이라 할 수 있다. 1923년 1월 14일『동명』에 발표한「조선과거의 혁명운동」이란 글은 민중의 역할을 강조하고, 사회주의에 공명한 글이다.

문일평은 이 글에서 역사의 진행과정에서 '민중'의 역할을 강조했다. 그가 역사를 통해서 표면적으로 민중을 강조한 것은 이때부터였다. 상하이에서 박은식·신채호 등의 가르침과 3·1운동으로 목격한 민중의 힘은 문일평이 역사의 중심세력을 민중으로 파악하는 밑거름이 되었을 것이다.

그러나 문일평의 민중사관은 민족적 민중사관을 주장한 종래의 민족주의사학자들과는 약간 다른 측면이 있었다. 문일평의 민중사관은 계급투쟁론을 인식하면서 이론적으로 좀 더 심화된 단계에 도달한 것이었다.

실제로 문일평은 1920년 8월에 개최된 조선노동대회朝鮮勞動大會에서 임원으로 피선되었다. 조선노동대회는 1920년 5월 서울에서 결성된 사회주의 노동운동단체였다. 노동자의 상부상조와 인격적·지적 향상을 목적으로 조직되었다. 조선노동대회는 1920년 8월 13일 종로청년회에서 개최한 임시총회에서 간부를 선출하였다. 회장 문탁, 부회장 정태용, 총무 윤철중, 서무부장 송문기, 재무부장 이상태, 영업부장 김호연, 조사부장 노병희, 지방부장 노기숭, 편집부장 강매였다. 문일평은 이날 교육부장에 선임되었다. 문일평이 사회주의 노동운동단체의 교육부장에 피선된 것은 그가 그 방면에 상당한 이론을 쌓고 있었음을 대변한다.

1923년 1월 21일 『동명』에 발표한 「조선과거의 혁명운동」(속)에서 문일평은 계급투쟁론적 민중사관을 드러냈다.

노동대회 임원 피선 기사(『동아일보』 1920년 8월 15일)

> 왕위 쟁투는 무슨 형식으로 하든지 막론하고 그 내용을 해부하여 보면 반드시 공명열功名熱에 뜬 영웅이 천하 백성을 희생에 제공하여 자기 일가의 만세 부귀를 도모함에 불과하되 이에 반하여 계급 쟁투는 특권자에게 어육된 민중이 각자의 생존을 위하여 정당방위로 최후 반항을 시試하는 것이니 …… 만일 인류 공존이 사회이상일진대 공명심의 표현인 왕위

쟁탈보다 생존권의 발로인 계급 쟁투가 역사진화의 과정에 반드시 경유하여야만 할 일대 계단이다.

문일평은 홍명희가 주도하는 화요회와도 관계를 맺고 있었다. 화요회는 1924년 11월 사상연구단체였던 신사상연구회가 행동단체로 개편하며 탄생한 조선공산주의 운동의 일파였다. 주요 인물은 일본 유학생이었던 김찬, 김재봉, 윤덕병, 홍덕유, 조봉암, 박헌영, 임원근, 김태영, 조동호 등이었다.

1925년 2월 19일자 『동아일보』와 『조선일보』에 당시 홍명희가 주도했던 화요회의 명의로 전조선민중운동대회 개최 취지문이 발표되었다. 이 취지문은 문일평이 작성한 것이다.

우리는 역사의 필연성을 발견했다. 따라서 역사의 필연성이 낳은 민중의 대중적 행동과 창조력의 무한대를 확신한다. 그리고 그것이 민중으로 하여금 이상의 피안에 이르게 하는 것임을 밝히 간파하였다. 수(數)의 소유자는 민중인 동시에 언제든지 민중을 떠나서는 운동의 실현이 없는 것이다. 이에 조선의 민중운동도 점차 발달하여 민중화하려 한다.

신채호 민중사관과 이광수 민족개조론

문일평의 민중사학에 영향을 준 인물로 신채호를 꼽는 연구자들이 있다. 문일평은 신채호가 죽을 때까지 끊임없이 그의 사론을 탐독하고 연구했다. 그래서 신채호가 1920년대에 제기한 민중 중심의 진보적 입장을 그의 역사인식 속에 보다 심화시켜 전개하고 있다고 평가받는다.

한말에서 일제 초기에 걸쳐서 등장한 민족주의 역사학은 전근대적, 식민주의적 한국사 인식에 대항하였다. 그리고 우리나라에서 최초로 근대역사학을 확립하였다. 민족주의 역사가들 중에서도 신채호는 관념적 신비주의와 영웅사관의 한계를 극복하였다. 근대역사학으로서의 민족주의 역사학을 명실상부하게 확립한 가장 주목할 만한 인물로 손꼽히는 이유이다.

신채호

특히 1920년대의 신채호는 우리 역사를 새롭게 인식하고자 하는 체계적인 이론으로서 민중 주체의 투쟁사관을 제시했다. 신채호는 한국 근대 사학사상 최초의 본격적인 사론이라고 평가받고 있는 『조선상고사』를 썼다. 그 총론에서 역사를 '아我와 비아非我의 투쟁의 기록'이라고 규정하였다. 역사적 사실의 인과관계를 상호모순의 대립 지양으로 파악한 것이다.

신채호는 1923년 1월에 의열단義烈團을 위해서 만든 「조선혁명선언朝鮮革命宣言」을 발표했다. 이 선언문은 아나키즘 사상가 바쿠닌Mikhail Bakunin의 '총파괴' 노선에 폭력 행동을 주장하는 생디칼리즘이 가미된 이른바 아나코 생디칼리즘Anarcho syndicalism에 입각하여 기초한 것으로 알려져 있다. 여기에서 신채호는 민중의 폭력투쟁만이 독립을 쟁취할 수 있는 현실적 방법이라고 주장하였다.

여기에서 신채호가 말한 민중은 구체적으로 누구를 가리키는지에 대해서는 연구자들의 이견이 분분하다. 신채호가 투쟁적 실천을 통해서 민족 속의 민중, 민중 속의 계급을 발견했다고 보는 이도 있다. 그랬다면 당연히 관리, 소수의 재산계급, 지식계급이 아니라 노동자·농민을 가리키는 것이 되어야 할 것이다. 그러나 신채호는 「조선혁명선언」에서 민중의 폭력에 의한 직접 혁명만이 한국 독립의 유일한 길이라고 확신함으로써 '민중'을 일본제국주의와 적대적 위치에 있는 모든 한국인을 가리키는 것으로 사용했다.

갑신정변은 특수세력이 특수세력과 싸우던 궁궐 안 한때의 활극이 될 뿐이며, 경술 전후의 의병들은 충군애국의 대의로 분격하여 일어난 독서계급의 사상이며, 안중근·이재명 등 열사의 폭력적 행동이 열렬하였지만 그 후면에 민중적 역량의 기초가 없었으며, 3·1운동의 만세소리에 민중적 일치의 의기가 언뜻 보였지만 또한 폭력적 중심을 가지지 못하였도다.

이는 3·1운동에 참여한 모든 계층의 조선인을 '민중'이란 범주로 보고 있는 것이다.

특권계급을 파괴하고자 함이다. 왜? 조선민중이란 그 위에 총독이니 무엇이니 하는 강도단의 특권계급이 압박하여 있으니, 특권계급의 압박 밑에 있는 조선민중은 자유적 조선민중이 아니니, 자유적 조선민중을 발견하기 위하여 특권계급을 타파함이니라.

여기서의 특권계급도 민족 내부의 특권층이라기보다는 일제 통치자로 설정함으로써 조선민중과의 대립구도로 파악하고 있다. 다음 구절에서 그런 의미가 더욱 명확하게 드러난다.

현재 조선민중은 오직 민중적 폭력으로 신조선 건설의 장애인 강도 일본 세력을 파괴할 것뿐인 줄을 알진대, 조선민중이 한 편이 되고 일본강도가 한 편이 되어…….

이런 입장 때문에 신채호에게서는 민족모순과 계급모순을 유기적 관계에서 변증법적으로 통일하는 파악방식이 결여되어 있다고 보는 학자가 있다.

그러나 문일평은 여기에서 한 발 나아가 역사의 진화는 소수의 왕족과 귀족에 대하여 생존권을 위협받는 다수의 민중이 벌이는 계급투쟁의 역사로 인식하였다. 문일평의 역사인식은 민중의 계급투쟁을 역사의 원동력으로 인식하는 단계에까지 도달해 있었다.

1920년대가 일제에 의한 기만적 문화정치가 기승을 부리던 때임을 감안하면, 문일평의 민중 중심적 계급투쟁론은 색다른 의미로 다가온다. 3·1운동 후 일본제국주의는 '문화정치'를 내세워 한국인들에게 참정권을 주고, 자치제를 실시한다는 등의 말로 현혹시켰다. 하지만 이는 사실 총독 사이토 마코토齋藤實가 고안한 친일파 양성책의 일환이었다.

실현되지 않을 정책을 미끼로 내세워 민족 구성원들 간에 갈등을 유발시키는 민족분열정책에 지나지 않았다. 이에 가장 호응한 인물이 바로 이광수였다.

상하이 임시정부운동에서 이탈해 귀국한 이광수는 곧 『개벽開闢』에 「민족개조론」을 썼다(1922). 그 후 1924년 1월 『동아일보』에 「민족적 경륜」을 5회에 걸쳐 연재하였다. 이광수의 민족개조론·자치론은 물론 개인적인 경륜에서 나온 것이 아니었다. 국내외의 민족운동전선에 이미 형성되고 있었고, 민족해방운동전선의 분열 요인으로 등장한 독립준비론·실력양성론의 결과였다.

문일평도 애국계몽운동에 앞장섰지만, 이광수의 논리는 문일평과 궁극적으로 달랐다. 이광수는 민족해방운동전선에서 이탈한 인물이 가진 부정과 비판 일변도의 측면만을 드러냈다. 그의 민족개조론은 자기 민족사회의 역사발전 및 문화 창조력에 대한 불신에서 나온 이론이었다. 이는 한국의 역사전통에 대한 자부심을 지니고, 역사발전의 주체로서 민중의 힘을 믿고, 그들에게 혁명을 기대하던 문일평의 태도와는 사뭇 다른 것이었다.

『개벽』 1924년 1월호에 발표된 「갑자甲子이후 60년간의 조선」에서 문일평은 동학농민운동과 3·1운동이 우리 역사상 혁명운동 민중운동의 맥을 잇는 동일한 대사건임을 서술하였다.

동학당 난은 조선사상에 있어 계급쟁투의 색채가 가장 선명한 혁명운동이다. …… 3·1운동은 즉 갑오혁명 이래 최대한 민중운동이다. 자못 전자는 계급적임에 반하야 후자는 민족적이요, 1은 무력수단을 취함에 반하야 1은 평화수단을 취한 차이는 있으나 생존권을 주장하는 일 점一點에 지至하야는 양자兩者에 간연間然함이 없다.

문일평은 동학농민운동을 계급적 무력적 민중운동으로, 3·1운동을 민족적 평화적 민중운동으로 정확히 인식하고 있었다. 그러나 둘 다 민중의 생존권을 위한 봉기였다는 점에서 공통점을 찾았다. 그리고 두 역사적 사건을 우리 역사에서 발견되는 대표적 민중운동의 선후로 평가하였다.

세 번째 일본 유학

문일평은 1925년 세 번째 일본 유학을 시도하였다. 그런데 당시 문일평은 현실적으로 일본 유학을 감당하지 못할 만큼 가난한 상태였다. 또 사회주의 사상에 관심을 갖고 있던 시기여서 심적으로도 상당히 예민해져 있었다.

일본으로 떠날 때부터 경비 문제가 그의 발목을 붙잡았다. 『동아일보』는 문일평이 일본 유학을 위해서 1925년 4월 10일 서울역을 떠났다고 보도하였다. 그러나 이병기李秉岐의 일기인 『가람일기』에 의하면, 7월 22일에 이병기가 문일평에게 10원을 꿔주었다고 한다. 결국 신문 보도와는 달리 문일평은 부족한 경비를 마련하느라 8월에나 일본으로 떠났던 것으로 보인다. 어렵사리 일본에 간 문일평은 도쿄제국대학 문학부사학과 동양사부 청강생으로 입학하였다.

당시 와세다대학에 재학하던 양주동梁柱東은 이은상, 염상섭과 함께 몇 달 있다가, 문일평과 함께 얼마동안 같은 하숙에 있었다. 양주동은 문일평보다 10세 정도 연하였다고 회고했지만, 실제로는 15세 차이가 났다. 그럼에도 불구하고 둘은 나이 차이를 잊은 채 늘 손을 맞잡고 술을 마시러 다니는 망년지교忘年之交 사이였다.

문일평의 주머니가 궁하였으므로 두 사람은 주로 '야기도리'집, 즉 참새구이집에 자주 갔다. 어느 비오는 날 양주동이 만취했을 때 문일평은 우산도 비옷도 없이 한참 아래인 양주동을 부축해서 돌아온 적이 있었다. 양주동은 훗날에도 그 기억을 잊지 못했다. 양주동은 문일평이 참 훌륭한 분이었으며 점잖고 소박하고 고결한 사람이라고 회고했다. 양주동이 당시에 문일평이 와세다대학에서도 청강하였다고 회고한 것으로 보아, 문일평은 도쿄제대와 와세다대학 두 곳을 오가며 향학열을 불태웠던 것으로 보인다.

양주동은 문일평과 자주 술자리를 함께 하였다. 그런데 당시 문일평은 삶에 대한 불만이 많았다고 한다. 문일평은 「나의 반생」에서 다음과 같이 회고하였다.

나는 이 과거의 사랑스럽고 그립던 그림자를 따라서 다시 십수 년 전으

문일평 일본 유학 기사
(『동아일보』 1925년 4월 13일)

로 물매걸음 해가 학생생활을 되풀이 해보려는 생각을 가지고 1925년 봄에 또 다시 도쿄에 건너갔었다. 비록 옛날의 나와 이때의 나가 동일한 나로되 벌써 봄이 지나가고 여름이 되었으므로 봄을 그리워하지만 다시 봄이 될 수는 없었다. 옛날의 나는 인생과 사물에 대하여 모두 아름답게 보았으되 이때의 나는 이와 정반대로 인생과 사물을 모두 아름답지 못하게 보았으니 이만큼 나의 감정이 불순하여진 것을 알 것이다. 옛날의 나는 서정시와 같았고, 이때의 나는 선전 삐라와 같았다.

문일평 학비 지출 기사(『동아일보』 1926년 1월 28일)

경제적 궁핍 때문에 문일평의 세 번째 일본 유학 생활은 순탄치 못했다. 1926년 1월 1일 이병기의 『가람일기』에, 문일평이 이병기를 또 찾아왔다고 한다. 일본 유학 생활이 곤궁하여 돈을 변통하기 위해서 잠시 한국에 들어왔던 것이다. 마침 이를 뒷받침하는 신문기사가 보도되었다. 1926년 1월 28일자 『동아일보』의 「문씨 학비 지출文氏學費支出」이란 기사였다.

> 현재 도쿄제국대학 역사과 동양사부東洋史部에 재학 중인 문일평씨는 학비로 인하여 여러 가지 곤란을 받아오던 바 특히 김지건金志健, 김찬영金贊永, 조만식曺晩植 3씨三氏가 매삭 학비의 일부씩을 부담하기로 하였음으로 씨는 물론이고 일반 사회에서도 찬하함을 마지않는다더라(평양).

여기서 김지건은 김지간金志侃을 잘못 쓴 것이었다. 김지간은 문일평과 태극학회의 임원을 역임하였다. 조만식은 1908년부터 1913년까지 일본 유학을 하였고(메이지대학 전문부 법학과), 문일평과 함께 재동경조선유학생친목회의 일을 맡아 하였다.

문일평은 이들에게만 신세를 진 것이 아니었다. 1927년 2월에 작성된 일제 정보문서에 의하면 다음과 같이 기록되어 있다.

> 문일평이 신의주 변호사 이희적李熙迪, 평양의 김동지金東之, 경성의 윤치호尹致昊 등과 친교가 있는 것 같이 보이고, 1925년 일본 유학 때에도 이들로부터 학자금을 보조받기로 약속하였다.

새로운 각오로 세 번째 일본 유학길에 오른 문일평이었지만, 경제적 궁핍 속에서 사실상 학비 조달하는 일조차 힘이 들었다. 문일평은 결국 중도에서 유학생활을 접어야만 했다. 문일평은 채 1년을 넘기지 못하고 1926년 7월 귀국하였다.

문일평은 세 번째 일본 유학 당시 자신의 사상체계를 '선전 삐라'와 같았다고 회고하였다. 조선에 돌아온 문일평은 사회경제사관을 피력함에 있어 더욱 날카로운 면을 드러냈다. 1927년 1월 「경제관계로 본 조선문명」에서 문일평은 다음과 같이 말했다.

> 인류의 모든 정신적 생활이 물질적 관계를 떠나 존재치 못할 것은 일반이 잘 아는 바이어니와, 조선문명을 보더라도 경제적 관계를 떠나서는

설명할 수 없다.

인간의 사상문명은 물질적 토대 위에 있으며, 한국의 역사 또한 사회의 물적 토대, 즉 경제적 관계를 떠나서 설명할 수 없다고 본 것이다.

신라·고려·이조 문명은 소수 특권계급 위에 건설된 문명으로서 그 몰락의 원인은 모두 물질적 관계에 있었다. …… 다수를 희생하여 소수만이 향유하던 그 문명의 복락이 어느 정도에 도달하면 반드시 그 문명의 자체 안에 물질적 파탄이 생겨 필경 그 문명이 붕괴하게 된다. …… 이조문명의 몰락은 급조急潮같이 밀려오는 외래의 자본주의 그것이다. …… 역사의 추세로 보아서, 세계의 진운으로 보아서 금후 조선문명은 확실히 대중의 생활을 기조로 한 ○○○○○문명이다.

여기서 문일평이 숨긴 '○○○○○문명'은 '사회주의적 문명'을 가리키는 것으로 추정된다. 왜냐하면 문일평은 조선을 역사발전 단계에 있어서 봉건사회로 보고 있었고, 그 후 조선이 망한 직접적 원인을 자본주의의 도래 때문이라고 보았다. 문일평이 외래 수용의 짧은 자본주의 단계를 거쳐 사회주의 문명의 도래를 예측한 것은 성급한 면이 있으나, 부르주아가 아닌 대중이 중심인 사회는 사회주의 문명에 해당하는 것이다.

그(금후의 조선문명)는 물론 불교나 유교나 혹은 기독교 같은 종교적 문명이 아니요, 반드시 과학적 문명일 것이다.

인류 문명의 상부구조를 구성하는 종교사관을 부인하고, 역사의 과학적 발전 법칙을 주장하는 것은 바로 사회경제적 역사관이 유일하였다. 당시는 일제의 사회주의사상에 대한 탄압이 심하였다. 문일평은 그의 글에서 직접적인 표현 대신, 암시적인 방법으로 그의 사회경제사관을 드러낸 것이다.

민중들을 위한 쉬운 글쓰기

사회경제사학에서 볼 때 역사의 주체는 '민중'이다. 민중을 계몽하기 위해서는 민중에게 조선역사와 문화를 쉽고 용이하게 전달하기 위한 방법이 요구되었다. 그것을 위해서 쓴 글이 1927년 『동광』 10호에 발표한 「조선사의 교과서에 대하여」이다. 여기에서 문일평은 역사가들이 민중들이 알아볼 수 있는 쉬운 중등 교과서 수준의 역사서를 쓸 것을 강조하였다.

문일평은 쉬운 글쓰기를 위해 부단히 노력하였다. 그는 자기가 쓴 글이 발표되기 전에 수없이 고쳐 쓰곤 했다. 심지어 신문사에 근무할 때에는 신문사의 사환이 읽고 그 뜻을 이해하는지 확인한 뒤에야 그 글을 신문에 발표하고는 했다.

문일평의 한글 극찬은 이러한 문명사적인 관점에서 등장한다. 문일평은 한글이 한문보다 민중들이 이해하기에 훨씬 수월한 문자라는 점에서 한글이야말로 이용후생利用厚生의 결정판이라는 인식을 드러낸다. 그러므로 그런 한글을 창제한 세종이야말로 민중 본위의 군주라는 것이다.

쉬운 글쓰기를 위한 문일평의 입장은 첫째 난삽한 한문과 전문적 술어를 버리고 보통 쓰는 말로 가장 간단명료하게 서술하여 일반 사람으로 하여금 잘 알아보도록 할 것, 둘째 무미건조한 사실을 될 수 있는 범위 안에서 아무쪼록 미화하여 독자의 흥미를 끌도록 할 것 등이었다.

그러나 문일평은 쉬운 글쓰기에 치중한 나머지 그것이 역사로서의 기본적 궤도를 벗어나 자칫 신화나 전설 혹은 개인적 전기물로 전락하는 것에 대해서도 경계를 게을리 하지 않았다. 문일평이 추구했던 역사 서술 방식의 요점은 다음과 같다.

우리네 사실적 뼈에 아름다운 문예적 살을 붙이고 거기다가 질서정연한 과학적 호흡을 통한 연후에야 비로소 현대의 요구에 적합하게 될 것이다.

07 고려사에 숨결을 불어넣다

『고려개사』를 저술하다

1920년대 문일평의 역사 서술에서 또 한 가지 눈에 띄는 것은 고려사에 대한 적극적인 관심이었다. 문일평은 1927년 『고려개사高麗概史』를 집필했다. 이 글은 민족주의 사학에서 고려사를 단대사斷代史로 정리한 것으로는 유일한 것이라는 평가를 받는다. 1929년 잡지 『신생』 5월호의 인터뷰에서 문일평은 최근 흥미를 갖고 있는 부분이 어디냐는 기자의 질문에 다음과 같이 답하였다.

> 고대사가 취미 없다 함도 아니요 이조사, 곧 근세사인들 연구할 것이 아니겠습니까마는 나로서는 어쩐지 고대에서 근세로 넘어서는 그 중턱 때의 일, 말씀하신 고려사가 제일 흥미있게 보이더군요.

문일평은 적어도 1920년대 후반은 온통 고려사에 대한 관심으로 가

「고려개사」 친필 원본

득 차 있었던 것으로 보인다. 지금도 그런 경향이 농후하지만, 고려시대는 한국사 연구 중에서도 가장 소외받는 시기였다. 더욱이 1920년대에 한창 민중사학과 계급투쟁론에 빠져 있던 그가 고려사에 주목한 것은 이채롭다. 민중사학이 우리 역사의 변혁과 그 주체에 대한 희망을 염원한 것이라면, 고려시대에 대한 관심은 일제에 의해 강조되던 한국사의 정체성론停滯性論을 극복하려는 시도였을 것이다. 당시까지 고려시대는 암흑의 시기로 취급되었고, 일제 관학자들은 더욱 악의적으로 고려시대를 폄하하고 있었다.

일제강점기의 민족주의 사학에서도 고려시대사 연구는 매우 빈약하였다. 일제 식민사학이 고대사와 근대사 왜곡에 주력했기 때문이다. 그러므로 이에 대응해 온 민족주의 사학계의 연구경향 또한 고대사 아니면 근대사에 편중될 수밖에 없었다.

그런데 1923년 이후 몇 종류의 통사가 저술되면서, 한국사 전반에 대한 이해도를 높이려는 시도들이 등장하였다. 이때 이른바 문화사관文化史觀에 의한 한국사의 해석으로 안목이 확대되면서 고려시대사도 주목하게 되었다. 안확의 『조선문명사』, 장도빈의 『조선역사요령』, 황의돈의 『신편조선역사』, 남궁억의 『조선이야기』, 권덕규의 『조선사』, 최남선의 『조선역사』 등이 순차적으로 이어졌다. 1920년대에 고려사 서술 경향은 비교적 균형있게 정착되기 시작하였고, 그러한 경향은 이후에도 지속되었다.

문일평의 고려사에 대한 관심도 이런 영향을 받았을 것이다. 그러나 그의 시각은 기존의 일부 역사학자들과 다른 부분이 있었다. 당시 민족주의사학자 가운데 황의돈·장도빈·권덕규 등은 전통 사서史書의 영향으로 묘청妙淸을 부정적으로 기술하였다. 그러나 문일평은 묘청을 긍정적으로 묘사하는 등 분명하게 그만의 사관을 갖고 고려사를 집필하였다.

문일평은 최남선·안확 등과 함께 신채호의 '서경 전역西京戰役=조선역사상 1천 년래 제1대 사건'이라는 긍정적 평가를 따랐다. 문일평은 당시의 관용적 표현에 따라 '묘청妙淸의 반叛'이라는 용어를 사용하였으나, 그것을 '천도운동' 또는 '독립국가 건설'이라고 규정하였다.

묘청이 단순히 공명을 바라는 야심이나 음양비술로써 세인을 속이려고 간계를 부린 것이 아니라는 것이다. '묘청의 반란'은 태조 이래 추진하던 북진정책의 발현이라고 보았다. 문일평의 설명에 의하면, 결국 묘청의 천도운동 실패는 고려 북진정책의 좌절을 의미하는 것이었고, 이로 말미암아 고려의 정신상에 대타격을 입게 된 것이다.

문일평은 고려의 기본정신을 북진정책으로 설정하고 이를 고려의 국가적 이상으로 파악하였다. 일부의 민족주의 사가도 북진정책을 주목하였으나, 문일평이 가장 적극적이고 명쾌한 논리로 역사적 의미를 추구하였다.

문일평은 고려의 후삼국 통일에 대해서는 매우 긍정적으로 서술하였다. 이는 황의돈·권덕규·장도빈 등 대개의 민족주의사학자들이 신라의 삼국통일을 부정적으로, 고려의 재통일을 긍정적으로 인식하였던 것과 궤를 같이하는 것이다. 문일평은 '통일시대의 신라'라는 표현은 하였으나 '통일신라'라는 용어는 사용하지 않았다. 오히려 발해를 '북조北朝', 신라를 '남조南朝'라고 함으로써 남북조 개념으로 파악하였다. 그리고 '후신라後新羅'라는 용어를 사용하기도 하였다. 또한 그는 신라의 삼국통일을 '신라의 반벽 통일半壁統一'이라고 의미를 축소하였다.

반면 고려 건국에 대해서는 긍정적인 평가를 내렸다. 고려가 고구려의 계통을 이은 발해의 유민과 문화까지 수용하여 진정한 민족문화의 형성을 완수하였다고 인식하였다. 고려가 남북조의 인민과 문화를 동시에 흡수함으로써 진정한 민족통일을 이루었다고 본 것이다.

문일평은 왕건을 '대조선 정신'을 계승한 인물이며 신라와 발해란 '남북조'가 고려의 건국으로 인해 하나가 되고 이를 통해 민족사가 본격적으로 시작되었다고 인식했다. 또한 조선시대에 관한 부정적인 인식이 강조될수록 이와 대비된 고려시대는 '대조선 정신'의 왕조로 높게 평가 되었다.

문일평이 고려의 외교관계에서 가장 주목하고 높이 평가한 것은 엄정한 중립외교였다. 그는 고려의 군주 중 예종을 실리추구의 대표적인 정치인으로 꼽았다. 예종은 송·요·금의 대립 속에서 중립을 지킴으로써 중국 대륙으로부터의 정치적 풍파를 피하였으며 오히려 요·금의 쇠강衰降을 이용하여 압록강 유역의 포주와 내원 2주를 얻는 기민함을 보였다는 것이다. 문일평은 이처럼 예종의 균형감각 있는 국제적 혜안을 높이 샀다. 그러한 태도는 국제도시 상하이 생활을 통해서 국제정치와 실리외교의 중요성에 대한 통찰을 얻은 덕분이었다.

『고려개사』의 사학사적 의미

문일평의 『고려개사』는 한국사를 부정적으로 보는 일제 식민사학자들의 논리에 맞설 수 있는 힘이 있었다. 이마니시 류今西龍의 『고려사개설』 및 세노 마구마瀨野馬熊의 『조선사대계』 「중세사편」과 비교해 보면 그 책의 사학사적史學史的 의의가 명확해진다. 이마니시 류의 『고려사개설』은 일제 관학자가 고려사를 정리한 최초의 개설서였다. 그러나 그는 의도적으로 발해를 우리 민족사에서 제외하였다. 절반 이상을 고려 후기의 파행적 정치행태를 주목하는 데 할애하였다. 또한 정치사는 타율성과 종속성으로 일관하여 고려의 중국에 대한 부용성附庸性을 주장하기에 급급하였다. 뿐만 아니라, 고려 문화의 대중국 종속성도 강조하였다.

일제 관학자의 고려사 서술을 대표하는 세노 마구마의 『조선사대계』 「중세사편」 역시 일본사를 기준으로 고려사를 서술하였다. 고려 후기의 파행성을 중복 편제하였고, 고려의 내정보다는 일본 및 중국 제국과의 대외관계사를 과장되게 서술하였다. 고려의 주변성과 종속성을 강조한 것이다.

일제는 한국 강제병탄 이후 한국의 역사적 저력을 매우 부담스러워 했다. 그리하여 선제적으로 조선총독부 중추원이 나서서 1915년부터 『조선반도사朝鮮半島史』 편찬사업을 진행하였다. 구관제도조사, 사료조사, 조선고적조사사업을 축으로 한 이 사업은 한국인을 적극적으로 조사, 연구하고 한국사를 왜곡하는 시발점이었다.

1921년 사이토 마코토 총독의 발의로 조선사편찬위원회 설치가 계획되었다. 그리고 1925년 6월 칙령 제218호로 조선사편수회가 설립되었다. 조선사편수회는 총독 직할의 독립 관청으로 식민사학의 총본산이었다. 여기에서 『조선사』 37권, 『조선사료집진』 3질, 『조선사료총간』 22권 등을 편찬하였다. 이는 일제가 통치 목적상 유리한 것만을 취사선택하여 싣고 불리한 것은 제외한 것이다. 철저하게 식민사학을 위해서 편집된 사료집이었다. 문제는 이것들이 당시 사람들이 이용할 수 있는 유일한 사료집이라는 점이었다.

또한 일제는 1924년 경성제국대학을 설립하였다. 일본의 저명한 역사학자를 교수로 초빙하여 조선사편수회와 함께 한국사 왜곡에 총력을 기울였다. 이 두 식민지 통치기구는 한국사 왜곡의 양대 조직이었다. 일제는 이에 그치지 않고 양대 조직의 구성원, 즉 조선사편수위원회의 위원, 수사관, 촉탁 및 경성제대 교수들을 중심으로 여러 개의 역사연구 단체를 조직하였다. 식민사학의 체계를 수립, 정형화하고 조선총독부 권력의 후원을 받아 일반에 보급시켜 나갔다.

따라서 일제 관학자들의 고려사 서술과 인식은 이른바 문헌고증이란 과학적 역사연구 방법론을 표방한 고등의 역사왜곡이었다. 조선사편수회의 『조선사』「고려편」도 고려의 정치적 혼돈상과 대중국 종속성을 강조하기 위해 자료를 취사선택하여 실었다.

이런 상황이었으므로 문일평의 『고려개사』가 지니는 의의는 매우 컸다. 문일평은 북진정책을 범고려주의汎高麗主義라는 고려의 국가적 이상과 사상으로 설정하였다. 이를 고려사 이해의 기준으로 삼음으로써 일제에 의해 무차별적으로 왜곡된 민족사를 수호하였다. 뿐만 아니라, 학문적으로도 고려사 연구를 크게 진전시켰다는 점이 오늘날 높은 평가를 받고 있다.

고려사 및 한국사 강연

고려사 강좌 기사
(『동아일보』 1926년 9월 6일)

문일평은 1926년 9월 6일부터 11일까지 6일간 개성 중앙회관 교육부에서 고려사 강좌를 개강하였다. 사계에 연구가 깊어 강사로 초청된 것이었다. 매일 오후 4시에 개강하기로 하였으며 청강료는 1원씩, 누구든지 참석하여 강연을 들을 수 있었다.

1927년 8월 20일에는 오후 9시부터 개성 중앙회

개성 역사강연회 기사(『동아일보』 1927년 8월 25일)

신간회 김해 상식강좌 기사(『동아일보』 1928년 7월 14일)

관 교육부와 『중외일보中外日報』 지국 주최로 개성 시내 중앙회관에서 강연회가 개최되었다. 강사로 문일평과 황석우黃錫禹가 초청되었다. 문일평은 「여조문명麗朝文明과 이조문명李朝文明」이란 주제로, 황석우는 「식량문제와 만주 이주민에 대하여」란 주제로 열변을 토하여 강연을 들은 많은 청중들에게 깨달음을 주었다. 강연회는 일제 경관의 엄중한 경계리에 진행되어 11시 반에 폐회하였다.

평양기독청년회 조선사 강연 기사
(『동아일보』 1929년 7월 25일)

황주 조선역사강담회 기사
(1931년 8월 31일)

    1928년에는 경남 김해군 신간회 지회 주최로 7월 22일부터 하기 상식 대강좌가 개최되었다. 기간은 1주일간이며 과목은 조선어와 조선사였다. 조선어 강좌는 문학사 최현배, 역사 강좌는 문학사 문일평이 담당하였다. 당초 문학사 최현배와 이관용 박사가 강연하기로 되었으나, 이관용 박사의 돌연한 사정으로 결강하게 되어, 신간회 본부의 추천으로 문일평으로 변경되었다.

    문일평은 1929년 7월 29일부터 8월 3일까지는 평양 기독청년회 주최 한글·조선사 관련 강좌에서 조선사를 강의하였다. 또한 1931년 8월 23일부터 26일까지는 황해도 황주黃州 청년동맹의 초빙으로 황주 양성학교에서 조선역사 강담회를 개최하였다. 황주에서는 처음이었던 만큼 청강생은 매일 수백 명에 달하여 대성황을 이루었다. 그와 동시에 이윤재는 황주 공립보통학교에서 하루 다섯 시간씩 조선어 강습을 전개하였다.

신간회 활동과 물산장려운동 08

신간회 창립총회

신간회 창립의 원대한 목적은 민족독립 쟁취를 위한 민족운동의 고양이었다. 당면의 목적은 '자치운동'을 타도하고 '완전독립', '절대독립'의 민족운동노선을 확고히 하는 '비타협적 민족협동전선'의 형성이었다.

신간회의 창립은 당시 국내의 민족주의 독립운동세력과 사회주의 독립운동세력은 물론이요, 그 밖에 모든 정파를 망라하였다. 당시 신간회는 민족단일당, 단일민족진영, 민족유일전선, 민족협동전선 등 여러 가지 이름으로 해석되었다. 신간회는 민족협동전선에 기반한 민족적 대표기관의 통일체로서의 의미를 가지고 있었다.

문일평은 1927년 1월 신간회 발기에 참여하였다. 신간회 창립의 본격적 준비는 1926년 12월부터 적극적으로 추진되었다. 1926년 12월에 들어서면서 홍명희·안재홍·신석우 등 비타협적 민족주의자들은 신간회를 창립하기 위한 본격적 활동을 전개하였다. 홍명희가 안재홍을 방문하여 안재홍의 집에서 홍명희·안재홍·신석우 등 3인이 협의하여 '진순한 민족당'(비타협적 민족당)을 조직하기로 결정하였다. 이 3인이 신간회 창립의 최초의 주도자였다.

1927년 1월 초순 신간회 창립 주도자들은 처음에 명칭을 신한회新韓會라고 지었다. 그러나 신석우가 일제 총독부에 등록 허락을 교섭하러 갔다가 '한韓'자를 거절당하였다. 이에 추진자들은 홍명희의 제안에 따라 '신간회新幹會'로 고쳤다. 옛날에는 한韓자와 간幹자가 같은 뜻으로 쓰였고, 또 '고목신간古木新幹'이라는 말도 있기 때문이었다.

신간회의 창립준비는 1927년 1월 초순에 급속히 진전되었다. 1927년 1월 19일 신간회 발기인대회를 개최하고 다음과 같은 3대 강령을 채택하였다.

　一. 우리는 정치적 경제적 각성을 촉진함
　一. 우리는 단결을 공고히 함
　一. 우리는 기회주의를 일절 부인함

신간회 강령 초안은 처음에 첫째 조선민족의 정치적 경제적 구경究竟 해결을 도모한다. 둘째 민족적 단결을 도모한다. 셋째 타협주의를 부인한다였으나 합법단체로서 일제 총독부의 허락을 얻기 위해 '조선민족'이라는 용어와 직접적으로 '독립'을 의미하는 '정치적 경제적 구경 해결', '타협주의 부인' 등을 애매모호하고 더욱 부드러운 표현으로 바꾸었다.

『동아일보』는 1927년 1월 20일자 기사에서 민족 단결을 표방하면서

신간회 발기와 발기인 명단 기사(『동아일보』 1927년 1월 20일)

2월 15일에 창립총회를 개최할 예정인 신간회 발기인 명단을 총 27명으로 보도하였다. 문일평을 포함하여 김명동·김준연·김탁·권동진·정재룡·이갑성·이석훈·정태석·이승복·이정·박동완·백관수·신석우·신채호·안재홍·장지영·조만식·최선익·최원순·박래홍·하재화·한기악·한용운·한위건·홍명희·홍성희 등이 포함되어 있었다.

『조선일보』 1927년 1월 29일 기사에서는 발기인이 28명이었다. 문일평을 포함하여 김명동·김준연·김탁·권동진·정재룡·정태석·이갑성·이관용·이석훈·이승복·이정·박동완·박래홍·백관수·신석우·신채호·안재홍·장지영·조만식·최선익·최원순·하재화·한기악·한용운·한위건·홍명희·홍성희 등이었다.

그런데 경상북도경찰부에서 편찬한 『고등경찰요사』에는 신간회 발기인이 34명으로 기록되어 있다. 문일평을 포함하여, 권동진·김명동·김준연·김탁·박동완·박래홍·백관수·신석우·신채호·안재홍·유억겸·이갑성·이관용·이상재·이순탁·이승복·이승훈·이정·이정섭·이종린·이종목·장길상·장지영·정재룡·정태석·조만식·최선익·최원순·한기악·한용운·한위건·홍명희·홍성희 등이었다.

『동아일보』에서 발표한 신간회 발기인 27명 명단은 초기의 것이고, 34명의 발기인이 후에 추가된 창립 직전의 발기인 명단으로 해석된다.

34명의 발기인을 출신 계보별로 정리하면 다음과 같다.

- 조선일보계 : 안재홍·신석우·한기악·이승복·장지영·이관용·김준연·백관수
- 시대일보 및 중외일보계 : 홍명희·홍성희(시대), 최선익·이정섭(중외)
- 동아일보계 : 한위건·최원순
- 천도교계 : 권동진·박래홍·이종린
- 기독교계 : 이상재·이승훈·박동완·이갑성
- 불교계 : 한용운
- 유림계 : 김명동·정재룡
- 학계 : 이순탁(연희전문 교수)
- 재계 : 장길상(경상북도 부호)

- 지역대표 : 신채호(재중국 독립운동단체)·조만식(평양)·문일평(평북)·유억겸(서울)·이정(서울)·김탁(황해도)·정태석(상주)
- 미상 : 이종목

발기인 34명은 모두 '완전독립', '절대독립'을 추구하는 비타협적 민족주의자들이었다. 신간회 발기에는 조선일보사를 중심으로 하여 각계 대표가 참가했으며, 3·1운동 때의 주요 인물들도 포함되었다. 또한 지역대표들도 조선일보사와 간접적으로 관련된 인물이 많았으므로, 신간회 발기 때부터 『조선일보』는 신간회의 대변지, 기관지 역할을 수행하였다. 『조선일보』는 신간회 창립 직후인 1927년 9월부터 1928년 5월까지 아예 「신간회 기사 일속一束」, 「신간회 각지 소식」, 「신간회 소식」란을 두어 각 지회의 신간회 활동을 상세히 보도하였다.

신간회는 1927년 2월 15일 역사적으로 창립되었다. 창립총회는 이날 오후 7시 서울 중앙기독교청년회관 대강당에서 개최되었다. 참석 회원은 300여 명이었으나, 방청인들이 몰려들어 1천여 명이 북적이며 성황을 이루었다.

임원선거를 통해 회장에 이상재가 선출되었다. 부회장에 홍명희가 당선되었으나 본인이 고사하여 전형위원회에서 권동진을 부회장으로 선출하였다. 그리고 35명의 간사를 선출하였다. 문일평을 포함하여 안재홍·권동진·신석우·김준연·이승복·한기악·홍성희·박희도·김활란·장지영·이순탁·박동완·명제세·최익환·백관수·박래홍·최선익·김명동·유각경·조병옥·이동욱·이정·이관용·송내호·오화영·권태석·이종익·안석주·김순복·김영섭·정춘수·이옥·홍순필 외 1명(홍명희, 끝까지 부회장을 사양할 경우)이었다.

『동아일보』 1927년 2월 17일자에 지방 조직 설치와 간사 선출에 관한 소식을 전하였는데 여기에서 문일평이 간사로 선출되었음을 확인할 수 있다. 이후 1931년 5월 16일 신간회가 해체될 때까지 신간회의 항일투쟁 방향은 민중지향적이었다. 이는 문일평이 설정했던 민중지향적 역사인식의 좌표가 이제 구체적인 현실 조직에서 점검되고 실천될 수 있는 기회였다.

신간회 지방지부 설치 기사(『동아일보』 1927년 2월 17일)

신간회 조직 결성과 관련하여 1927년 2월 16일 일제가 작성한 「신한회 조직계획에 관한 건」이라는 조사 보고서를 보면 일제는 문일평의 「주의사상」을 '배일사상을 가지고 민족주의를 품고 있다'고 기록하고, 그의 「성질·소행」을 다음과 같이 기록하였다.

문일평은 성질이 온순한 듯 포장하나, 교활, 영리하고, 평소 행동에 관한 악평에 과도하게 마음을 써서 왕왕 불면증을 앓고 있다. 또 음주 등에 의지하여 끝내 밤이 새도록 잠을 자지 못하는 병이 있다.

또한 「세력·신용 정도」에 대해서는 '누차 내지(일본)로 유학하여 상당한 학식이 있고, 본적 지방에서는 상당한 세력과 신용이 있다'고 기록하였다.

물산장려운동을 이끌다

1927년 8월 15일 경성 황금정黃金町 조선물산장려회 사무소에서 열린 제22회 이사회에서 문일평이 이사로 선발되었다. 이날 결의사항은 가정선전반家庭宣傳班을 조직하여 각 가정을 방문하는 것이었다. 가정부인으로 하여금 조선물산 애용에 대해 정신을 함양케 하고자 함이었다. 증선增選된 임원으로는 이사에 문일평·정수일·김정수였고 선전부원에는 안창화·한선화·이현숙 등이었다. 문일평은 조선물산장려회 선전부의 일도 맡아 그 기관지 『자활自活』의 주필로 선임되었다.

1928년 4월 30일 조선물산장려회 본부 제6회 정기대회가 오후 8시부터 시내 경운동 회관에서 개최되었다. 지회 대의원 30여 명도 출석하였다. 임시의장 오화영의 사회로 다음과 같은 의안을 만장일치로 통과하고 이사 35인을 선거한 후 폐회하였다.

1. 우리의 생활 개선을 전 조선적으로 촉진할 것
2. 전 조선물산을 수집하여 일반 전람에 제공할 것
3. 전 조선 공산업자대회를 소집하여 산업 진흥에 관한 방침을 연구할 것
4. 조선 농민운동을 적극적으로 후원할 것

제6회 물산장려회 이사 피선 기사(「동아일보」 1928년 5월 4일)

당선 이사는 문일평을 포함하여 안재홍·허헌·장두현·명제세 외 30명이었다.

'자작자급自作自給'의 기치를 내건 물산장려운동은 1920년 8월 평양에서 처음 시작되었다. 조만식 등 70명의 평양 유지들이 '조선물산장려회'를 발기하여, 1922년 6월 22일 창립되었다. 조선이 빈약해진 원인은 자작자급하지 않은 데 있으므로 부득이한 물품 외에는 철저히 자작자급을 실행하기로 하였다. 나아가 상공업에 착수하여 직접 실업계의 진흥을 꾀하고 간접으로 사회의 발전과 진보를 기한다는 취지였다.

물산장려운동이 지방과 학생층으로부터 시작되자 이에 자극받은 서울의 사회운동 인사들도 1923년 1월 25일 조선청년회연합회 건물에서 '조선물산장려회' 창립총회를 개최하였다. 조선물산장려회는 '첫째, 조선 사람은 조선 사람이 지은 것을 사서 쓰고, 둘째, 조선 사람은 단결하여 그 쓰는 물건을 스스로 제작하여 공급하기를 목적으로 하노라'는 취지문을 발표하였다. 서울에서 조선물산장려회가 조직되자, 지방에서도 각 청년회 주도로 물산장려회, 자조회, 토산장려회 등 관련 단체들이 조직되었다.

물산장려운동은 인도의 스와데시(토산장려)운동을 모델로 한 것이었지만, 인도의 경우처럼 강력한 외화배척을 구호로 내걸지는 않았다. 물산장려운동론자들은 외화배척 구호가 조선에서는 현실성이 없는 것이며, 공연히 총독부 측의 경계심만 불러일으킬 것이라고 생각했다.

물산장려운동의 갈등과 변화

1923년 초는 사회주의자들과 민족주의자들의 분화가 뚜렷해진 시기였다. 3월 말에 조선청년당대회에서 사회주의자들이 물산장려운동 타도를 결의하면서, 물산장려운동을 둘러싼 논쟁이 본격화되었다. 이 논쟁이 처음 제기된 것은 1923년 2월 16일 조선물산장려회 강연회였다. 사회주의자들의 주장은 다음과 같았다.

"조선물산장려운동으로 인해 조선의 산업이 발전된다 하여도 결국은 조선인 중 자본가에게 그 이윤 전부를 약탈당할 것이다. 외인外人의 자본가에게 약탈되는 것이나, 무산자에게는 하등의 차이가 없을 것이다. 조선물산장려는 조선의 중산계급이 유산계급을 옹호하여 무산자에게 근소한 생계를 보장할 뿐, 식산흥업한다는 명의 하에 혁명의 시기를 지연케 하리라."

그러자 이를 반박하는 물산장려회 이사 나경석의 글이 『동아일보』에 6회에 걸쳐 연재되었다. 또 이를 반박하는 CKW생이라는 필명의 글이 실렸다. 이후에도 『동아일보』에서 물산장려운동에 대한 찬반 논쟁이 끊이지 않자, 『동아일보』는 3월 31일자 사설을 통해 자사의 입장을 밝혔다.

조선의 무산계급이 먼저 힘쓸 바는 계급의 분열투쟁보다는 조선 사람의 경제적 실력을 배양하는 것이 당면문제이다.

이와 같이 찬반논쟁이 진행되는 가운데 물산장려운동은 1923년 여름이 지나면서 열기가 급격히 식어갔다. 1924년 초 창립 1주년 기념 강연을 끝으로 사실상 정체상태에 들어갔다.

조선민중에 의지하여 자본축적의 기회를 얻어 보려던 조선의 토착자본가들은 기대가 좌절되자 두 가지 방향으로 나아갔다. 하나는 자력갱생의 길을 계속 모색하면서 자기 존립을 꾀하는 것이었다. 다른 하나는 총독부 권력에 본격적으로 접근하여 보호를 구걸하는 것이었다. 조선의 토착자본 가운데 영세자본과 그들을 지원하는 일부 민족주의자들은 전자를 택하였다. 문일평 또한 여기에 해당하였다. 그들 덕택에 물산장려운동은 1937년까지 지속되었다.

1929년 4월 13일 조선물산장려회는 오후 8시에 회관에서 제27회 이사회를 열었다. 제7회 정기대회 준비에 관한 사항을 결정하고 준비위원과 의안 작성위원을 선거하였다. 결의사항은 4월 26일 오후 8시 경성부 경운동 천도교 기념관에서 정기대회를 개최한다는 것이었다. 준비위원으로는 문일평을 포함하여 박천병·김정수·이동욱·정수일·백홍균·

조선물산장려회 정기이사회 기사(『동아일보』 1929년 4월 16일)

김종협·명제세였고, 의안 작성위원은 문일평과 함께 백홍균·정수일이 피선되었다. 물산장려운동의 효율성에 대한 논란에도 불구하고 문일평은 끝까지 물산장려운동을 이끌었다.

09 대종교 관련 활동

민족의 뿌리를 일깨우다

1927년 10월 26일 대종교 남일도본사南一道本司에서는 오후 7시부터 경운동 천도교기념관에서 개천절 기념강연회를 개최하였다. 연사는 문일평이었고, 연제는 「천조天祖의 강세降世」였다.

대다수의 독립운동가들이 대종교와 관련을 맺고 활동하였듯이, 문일평도 대종교와의 긴밀한 관계 속에서 여러 가지 계몽활동을 전개하였다.

을사늑약 직후 이완용 등 오적을 처단하려는 단체를 조직했던 나철과 오기호는 민족의 위기를 극복하기 위해 민족정기를 되살려야 한다고 생각하였다. 그리하여 전통

개천절기념 강연 기사(『동아일보』 1927년 10월 26일)

적인 단군 신앙을 부활시켜 1909년 대종교를 중광重光하였다. 중광이란 기존에 있던 것을 새롭게 중흥한다는 의미이다.

나철 등이 일으킨 대표적인 민족 종교인 대종교는 단군 신앙을 널리 전파하여 민족의식을 고취하였다. 나철은 비밀결사 조직인 자신회自新會를 조직하여 을사오적으로 알려진 이완용·권중현·박제순·이지용·이근택의 다섯 인물의 암살을 시도했다. 또한 그들을 처단하자는 「참간장斬奸狀」을 돌리기도 했으며, 일본을 방문해 일본궁성 앞에서 단식투쟁을 하기도 하였다.

나철은 이 사건 때문에 정부 전복 혐의로 무안군 지도智島에 유배되기도 했다. 나철은 1909년 정월 15일 자시子時(밤 11시~새벽 1시) 서울 북부 재동齋洞 취운정翠雲亭 아래에서 60여 명의 동지들과 단군교를 새롭게 열면서 이날을 중광절重光節로 삼았다. 망국이 눈앞에 있었기 때문에 위기를 느낀 사람들이 단군교에 속속 입교했다. 그렇지만 서울 북부지사교北部支司敎 정훈모가 친일로 돌아서고 일제의 탄압이 심해지자 나철은 1910년 8월 교명을 대종교로 바꾸었다.

나철은 창교創敎가 아닌 중광을 선택함으로써 단군신앙의 원형인 전래 신교神敎의 계승의식을 분명히 했다. 이것은 몽골 침입 이후 약 700년간 단절되었던 배달민족 고유신앙에 대한 부활이었다. 나철이 동학의 최제우나 증산교의 강일순처럼 한 종교의 창교주가 아니라 단군신앙의 연결자로서 민족사적 명분 앞에 개인의 욕심을 기꺼이 양보한 모습은 당대의 수많은 지식인들로부터 공감을 얻었다. 뿐만 아니라 대종교 중광 사건은 종교적 차원을 넘어 민족사의 전반에 우국적 반향을 일으킨 요인으로 작용하였다. 또한 대종교 중광이 국어·국문·국사·국교의 방면에서 국학정립의 혁명적 계기가 된 것도 나철의 이러한 역사인식과 접맥되었기 때문이다.

대종교는 1909년 성립된 지 얼마 되지 않아 지식인들을 중심으로 교인 수가 6천여 명으로 늘어났다. 일제의 식민지배 속에서 대종교가 민족의 정체성을 고수하며 일제 식민정책에 반대하자, 일제는 대종교의 포교활동에 본격적으로 감시와 탄압을 가하였다.

국내 활동이 어렵게 된 나철은 1914년 5월 백두산 북쪽 기슭인 만주 허룽현 청파호로 대종교총본사를 옮겼다. 이것은 일제의 종교탄압을 피하고자 했던 시대적 이유와 단군신앙의 종교적 성지인 백두산에 거점을 마련한다는 종교적 이유와 맞물려 있었다.

김교헌은 나철이 순교한 이듬해인 1917년 만주 허룽현 대종교총본사로 망명하여 교단 정비와 교적 간행 등 교세 확장을 주도했다. 민족의식·국가의식 앙양과 더불어 유구한 우리 역사를 통하여 한민족이라는 자긍심도 고취시켰다. 또한 이곳에서 중광단 등 항일무장단체를 결성하였다. 중광단은 3·1운동 이후 북로군정서로 개편되어 적극적인 항일무장투쟁을 전개하였다. 김교헌 시대인 1916년부터 1923년까지는 신도 수가 30만 명을 넘었다.

대종교 제3세 교주 윤세복 역시 대종교 전파에 적지 않은 공을 세웠다. 1911년 만주 환란현桓仁縣으로 망명한 그는 대종교 정신으로 동창학교東昌學校를 세우고, 신채호·박은식 등과 민족교육을 실천했다. 윤세복은 1914년 일제의 탄압에 밀려 푸쑹현撫松縣으로 이주한 후에도 20여 소학교를 설립하여 독립운동 전초기지들을 연이어 구성함으로써 7천여 명의 대종교도를 확보할 수 있었다. 1923년 제3세 교주로 취임한 후에는 안희제 등과 함께 발해농장 건설에 앞장섰다. 이는 교인들의 경제적인 기반을 건실하게 하는 요인이었다. 교인들의 증가와 독립운동에 대한 지원 등은 이를 반증한다. 또한 1936년 대종학원大倧學院 설립과 더불어 많은 양의 대종교 교리·교사 등에 관한 서적들을 간행하여 종교적 기반을 확고하게 구축할 수 있었다.

대종교의 항일활동에서 가장 고귀한 업적 중의 하나가 문화항쟁을 통한 민족문화 수립에 대한 기여라고 할 수 있다. 특히 단군의 의미를 민족적·사회적인 의미로 대중화시키는 등 민족문화의 획기적인 변화는 매우 중요한 의미를 갖는다. 단군이라는 이미지의 대중화는 곧 각 방면에서 단군민족주의의 활성화와 직결되었다. 더욱이 대종교 중광은 우리 민족의 경절인 개천절의 문화적 정착과 생활 속에 녹아 흘러 온 단군문화의 의미를 각성시키는 요인이었다. 이를 통한 민족의식 고양, 민족문화에 대한 인식 심화는 문화사적 관점에서 중요한 의미를 지닌다. 문일평과 가까웠던 안재홍·조소앙·정인보 등도 개천절과 관련된 글을 발표하여 천손의식으로서의 자부심과 문화민족으로서의 유구함을 강조하여 민족적 단결을 일깨우는 것이 개천절이라고 설명하였다.

김교헌과 조선광문회

대종교의 문화항쟁에서 빼놓을 수 없는 것이 국어와 국사 확립을 통한

조선광문회 터 표지석(서울 중구 삼각동 22-1)

저항이었다. 국어 중흥운동을 통한 한글에 대한 자존심 부여와 민족주의 역사관 수립을 통한 한국사에 대한 시·공간적 지평을 넓혔다. 한글 상용화를 위한 노력은 이러한 인식에서 비롯되었다. 이는 한국인의 정신적인 불구성을 획책하는 일제의 식민사관에 적극적으로 대항한 점에서 의미가 매우 크다. 문일평은 이런 측면에서 대종교를 매개로 한 강연을 통해서 한국인으로서의 자긍심을 높이려고 하였다.

문일평이 대종교와 인연을 맺게 된 것은 조선광문회 시절로 거슬러 올라간다. 1910년 문일평은 국학자들의 문화 사랑방 역할을 하던 조선광문회를 매일같이 드나들면서 우리 역사와 우리 문화를 더욱 깊이있게 이해하게 되었다. 이때 그에게 대종교에 대해서 영향을 준 인물이 김교헌이었다. 김교헌은 1910년 대종교에 입교한 인물로, 후일 대종교 중광 2세 교주를 역임했다. 그는 1910년 광문회 활동을 이끌면서 고전과 사서의 수집·간행 및 보급에 적극적으로 나섰다. 광문회에서는 김교헌의 가문에 역대로 수집·소장되어 오던 방대한 양의 서책과 문헌이 중요하게 활용되었다. 문일평뿐 아니라, 최남선·장지연·유근·신채호 등도 당시 김교헌의 영향을 받으며 민족사에 대한 인식의 지평을 넓혀갔다.

대종교 잡지 『한빛』 간행

『동아일보』는 1927년 11월 23일자에서 문일평이 대종교 발행의 역사, 지리, 한글 관련 교양 월간 잡지 『한빛大光』을 12월부터 발행하기로 하였다는 기사를 보도하였다. 잡지 『한빛』은 대종교 남일도본사에서 우리가 알아야 할 역사, 지리 및 한글에 관한 지식을 일반에게 보급시킬 뜻으로 계획되었다. 주간은 이호李灝였고, 편집은 문일평이 맡았다.

시내 간동諫洞 88번지에 있던 대종교 남일도본사는 1927년 강우姜虞가 책임을 맡고 있었다. 발행위원은 문일평을 비롯하여 최남선·이능화·장도빈·정인보·김도태·이병도·홍순혁·김윤경·최현배·엄정우·사공식·김정기·운교雲嶠·은계隱溪 등이었다.

창간호에는 문일평과 더불어 최남선·이능화·장도빈·김도태·이병도·홍순혁·엄정우·최현배·김윤경 등의 글이 준비되었다. 『한빛』은 원래 1927년 1~2월경에 창간하려 했으나 사전에 원고를 압수당하여 발행되지 못하고 있었다.

10 신문사 생활

중외일보사 기자

문일평은 1927년에 중외일보사 논설부 기자로 있었다. 『중외일보』는 호남 대지주 백인기의 자본을 토대로 1926년 9월 18일에 발행허가를 얻었다. 당시 신문계의 귀재로 알려진 이상협을 편집 겸 발행인으로 앞세워 도약을 꿈꾸었다. 이상협은 『동아일보』의 초대 편집국장을 맡았던 인물이다. 필화사건으로 동아일보사에서 나온 뒤 조선일보사에 들어가 그의 직계 기자들과 함께 『조선일보』를 일정한 기반 위에 올려놓았다. 그리고 다시 『중외일보』를 경영하게 되었다.

이상협은 농촌 독자를 상대로 한 농업란을 만들고, 바둑 기보를 싣는 등 당시로는 새로운 아이디어를 내 『중외일보』를 만들었다. 1927년경 편집국 구성은 편집국장 민태원, 정치부장 이윤종, 사회부장 김형원, 지방부장 서승효 등이었다.

『중외일보』는 창간 이후 여러 차례 압수처분을 받았고, 필화사건을 겪었다. 그러다가 1929년 9월 마산에서 온 자본가인 이우식이 새로운 사주로 등장하였다. 그는 자본금 15만 원으로 주식회사를 설립하였다. 사장 안희제, 부사장 이상협, 상무 최윤동·임유동·이진만을 임명했다. 한국 신문 사상 초유의 1일 8면 발간을 단행하여 언론계에 일대 파문을 일으켰다. 이에 따라 『동아일보』와 『조선일보』도 같은 8면으로 맞서 치열한 경쟁이 벌어졌다. 결국 재력이 빈약했던 중외일보사는 1931년 6월 19일 주주총회를 열어 주식회사의 해산을 선언하였다.

『중외일보』가 해산한 뒤 1931년 10월 14일 김찬성이 제호를 『중앙일보』로 고쳐 총독부로부터 발행허가를 받았다. 실제 사주는 노정일이었다. 지령은 『중외일보』를 계승하여 1,493호부터 다시 석간 4면으로 발행하였다.

문일평은 중외일보사에 근무할 때 서울 교동 근처 팔진옥八珍屋이라는 과자가게에 자주 들렀다. 팔진옥은 교동 골목에 있었다. 『중외일보』는 화동에 자리잡고 있어서 안국동을 돌아 경운동 천도교당 쪽을 거쳐 내려오면 바로 팔진옥에 닿았다. 팔진옥은 겉으로는 과자집이란 간판을 달았지만 사실은 독립운동자들의 은신처이자 아지트였다.

집주인 이우경李愚卿은 직접 독립운동을 한 관록은 없었다. 그러나 과자 장사를 해서 번 돈은 가난한 사람들이나 애국동지들의 뒷바라지로 몽땅 썼다. 그래서 이우경의 가게에는 언제나 많은 독립투사들이 찾아들었다. 과자를 사러 오는 손님들보다도 그와 교유하러 오는 사람들이 더 많았다.

문일평은 그곳에서 의열단 출신들과도 교유하였다. 의열단은 1919년 만주 지린에서 김원봉金元鳳이 조직하였다. 그들은 조선총독부의 고위 관리나 친일파 거두 처단, 조선총독부나 경찰서, 동양척식주식회사 등 식민지 착취기관의 파괴와 같은 개인적인 의열투쟁을 통해서 독립을 쟁취하고자 하였다.

의열단은 1920년 박재혁이 부산경찰서에, 최수봉이 밀양경찰서에 폭탄을 던진 것을 시작으로 국내와 국외에서 일제를 상대로 활발한 의거 활동을 전개하였다. 김익상은 일제 식민통치의 심장부인 조선총독부에 폭탄을 던졌다. 나석주는 동양척식주식회사에 들어가 간부를 사살하고 일제 경찰과 시가전을 벌였다. 김지섭은 도쿄에서 일본 왕궁에 폭탄을 던졌다. 김상옥은 독립지사들에게 잔인한 고문을 일삼던 종로경찰서에 1923년 1월 12일 폭탄을 던져 큰 피해를 주었다. 뿐만 아니라 1월 22일 그를 추격하던 일본 경찰 수백 명에 맞서 유명한 시가전을 벌였다. 서울 한복판 효제동에서 무려 3시간 동안이나 벌어진 혈투에서 김상옥은 쌍권총으로 일제 경찰 15명을 쓰러뜨렸다. 그리고 마지막 남은 한 발로 자결하였다.

한편 1923년, 문일평이 존경해마지 않는 사학자 신채호는 김원봉의 요청에 따라 상하이에서 「조선혁명선언」이라는 의열단 강령을 써주었다. 그것은 의열단의 행동 강령과 의열투쟁을 통해 민중의 직접 혁명을 달성하려는 의열단의 목표가 잘 드러나 있다. 신채호의 「조선혁명선언」은 일제강점기에 독립운동세력의 혁명정신과 폭력투쟁의 정당성을 가장 잘 표현한 명문장이었다. 의열단 단원들은 이 선언문을 자신의 분신처럼 항상 지니고 다녔다. 투쟁의 의지를 다지는 데는 그보다 좋은 것이 없었다.

　팔진옥을 찾는 의열단원 중 대표적인 인물은 경기도 경찰부의 경부였던 황옥黃鈺이었다. 그는 의열단원인 김시현 의거를 보조하기 위해서 폭탄 밀수의 총책임을 맡았다가 옥고를 치렀다. 또 황옥과 함께 옥중생활을 한 유석현도 있었다.

　문일평은 상하이에서 독립운동계의 거물들과 함께 생활했던 덕분으로 의열단 단원들과 친교를 맺게 되었다. 그래서 '팔진옥 멤버'의 일원으로서 그들과 막역지간이 됐다. 만나면 처음부터 끝까지가 조국의 독립운동 이야기였다. 그 자리엔 항상 술상이 벌어졌는데 술은 집주인 이우경이 도맡아 냈다.

　문일평은 술을 몇 잔 마시면 가슴속 깊이 도사렸던 망국의 한을 터뜨렸다. 얼굴에 비해서 유난히 커다란 눈을 부라리면서, 일본의 군국주의와 군벌軍閥 정치를 비판했다. 일제 식민정치의 포악상도 공격했다. 그렇게 비분강개하면서 말할 때마다 문일평은 한복의 저고리 소매를 걷어붙이면서 기세를 올렸다.

　"두고 보라니까, 왜놈은 망할 테니……"

　문일평의 말이 격해지자, 의열단 단원들은 서로 쉬쉬했다. 종로경찰서 고등계 형사가 팔진옥 주변에서 항상 이들의 모임을 경계했기 때문이다. 단속 차원에서 직접 얼굴을 내밀기도 하고, 또 어떤 때는 개별적으로 미행도 했다. 그렇기 때문에 팔진옥 멤버들은 문일평의 놀라운 발언에 조바심하였다. 자신들이 잡혀가는 것은 둘째 치고, 집주인인 이우경에게 화가 미칠까 걱정되었기 때문이었다.

그들은 가끔 자리를 피해서 산으로 갔다. 혹은 일본 경찰의 눈을 피해 가회동 취운정翠雲亭으로, 또 혹은 서대문밖 금화산金華山으로 놀러갔다. 그때마다 문일평이 함께 있었다. 동지들은 술을 마시기 전에 미리 문일평에게 "제발 왜놈의 욕은 말아 주시오" 하고 부탁했다고 한다. 술에 취해서 큰소리로 욕하지 말라는 뜻이었다.

조선일보사 시절

문일평은 1928년 말부터 1931년 초까지 조선일보사에서 근무하였다. 당시 조선일보사는 1929년 3월부터 부사장 안재홍의 소신으로 '생활개신운동'을 제창하였다. 생활개신운동은 색의단발운동, 건강증진운동, 상식보급운동, 소비절약운동, 허례폐지운동 등이었다. 생활개신운동은 『조선일보』 지령 3,000호를 맞은 1929년 5월 16일에 시작되었다. 전국 신간회 지회, 기독교청년회, 체육회, 여자청년회, 소년회 등 각종 사회단체들이 지원하였다.

1929년 여름 조선일보사는 제1회 '귀향남녀학생문자보급운동'을 전개했다. 이 운동은 하기방학을 맞아 고향에 돌아가는 남녀 학생들의 힘을 빌려 문자 보급운동을 벌인 것이다. 이에 참가한 학생들은 모두 409명이었다. 이들 가운데 90여 명이 방학이 끝난 뒤에 그들의 활동보고서를 『조선일보』에 보내왔다. 보고서를 보면 이해 여름 학생들의 활동을 통해서 한글을 깨우친 사람들은 2,800여 명에 이르렀다. 이 운동은 다음 해인 1930년에도 이어졌다. 참여학생은 크게 늘어 900명을 넘

옛 조선일보사 견지동 사옥 건물

었다. 문자해독자는 1만여 명에 달했다. 1931년에도 이 운동은 계속되어 참가학생수는 1,800명을 넘었으며 문자해독자는 2만 8,000여 명에 이르렀다. 그러나 당시 신석우·안재홍 등이 경영하던 『조선일보』는 재정난으로 내분이 발생했다. 문일평은 1931년 하는 수 없이 조선일보사를 사임하였다.

문일평이 조선일보사에 근무했다는 사실은 그의 정치적 입장을 보여주는 것이어서 주목된다. 1920년대 이후 부르주아민족주의 세력은 우파와 좌파로 구별되었다. 그중 우파는 『동아일보』계가, 좌파는 『조선일보』계가 주도하였다.

부르주아민족주의 좌파는 일제 지배 하에서 일본자본주의의 조선경제 지배에 대응하여 민족자본, 민족경제의 독자성 확보가 매우 중요하다고 생각하였다. 그리하여 그들은 일본 대자본에 맞서 중소자본가, 수공업을 중심으로 한 민족경제의 건설을 구상하였다. 문일평이 주도한 물산장려운동도 그러한 입장에서 전개하였던 것이다. 문일평이 지속적으로 물산장려운동에 몰두한 것은 바로 이러한 정치적 입장을 잘 보여준다. 부르주아민족주의 좌파의 사상은 대한민국임시정부가 1941년에 마련한 「대한민국 건국강령」으로 수렴되었다. 여기에서 한국국민당 – 한국독립당 계열의 인사들은 정치, 경제, 교육의 균등을 기초로 한 삼균주의에 기초한 민주공화국의 건설을 목표로 설정하였다.

1920년 3월 5일 창간된 『조선일보』는 창간 직후부터 경영진이 자주 교체되었다. 그러나 경영난과 경영진의 잦은 이동에도 『조선일보』의 붓끝은 자못 날카로운 데가 있었다. 1920년 8월 27일 민간지 최초로 정간 처분을 당할 때까지 이미 30차례나 기사 압수 사건을 겪었다.

재정난과 운영난을 극복하기 위해 1923년 봄 송병준이 전면에 나섰다. 남궁훈이 사장에, 선우일이 편집국장에 등용되었으나 재정난을 해결하지 못했다. 결국 1924년 9월 『조선일보』의 판권은 신석우에게 넘어갔다. 신석우는 사장에 이상재, 부사장에 신석우, 주필에 안재홍, 사회부 기자에 사회주의자였던 박헌영·임원근·김단야 등을 기용하였다. 민간지 최초로 조·석간제를 실시하는 등 재기를 도모하였다. 그러나 연이은 필화사건과 정간조치로 1926년 9월에는 새로 안재홍이 발행인이 되고 민태원이 편집인이 되었다.

『조선일보』는 1927년 출범한 신간회의 창립과 활동에 크게 기여하였다. 우선 신간회 창립 과정에서부터 발행인인 안재홍이 깊숙이 간여했으며 신간회 초대 회장에는 『조선일보』 사장 이상재가 추대되었다. 이때부터 『조선일보』는 사실상 신간회의 기관지로서 신간회 본부의 활동뿐만 아니라 지회의 활동까지도 상세히 보도하였다. 이러한 가운데 총독부의 압박도 강화되었다. 1928년 필화사건으로 발행인 겸 주필인 안재홍이 구속되자, 1927년부터 이상재를 대신해서 사장을 맡은 신석우가 발행인을 맡았다. 안재홍은 1929년 1월 만기 복역으로 출감하여 부사장에 취임하였으나, 1932년 3월 중순에 다시 구속되었다.

　1932년 6월 1일자로 『조선일보』 발행권이 채권자인 임경래에게 넘어가면서 혼란이 일었다. 고리대업자인 임경래는 전 영업국장 이승복에게 『조선일보』 판권을 담보로 1만 원 정도의 회사운영자금을 빌려 주었다. 그런데 안재홍과 이승복이 수감되자, 임경래가 『조선일보』 발행인을 자신의 명의로 총독부에 변경 신고를 하였다. 사원들은 사원총회를 열고 임경래의 이름으로는 신문을 발행할 수 없다고 결의하였다. 그날부터 신문제작을 거부하고, 그의 출근도 저지했다. 임경래는 명치정(명동)에 따로 사옥을 차리고 신문을 발간했다. 본사 사옥에 있던 구 사원들도 이에 맞서 신문을 발행함으로써 『조선일보』는 한 때 두 곳에서 나오게 되었다.

　그러나 임경래 1932년 8월 1일자부터 휴간에 들어가면서 양분되었던 『조선일보』는 그해 11월 23일에 하나로 통합되었다. 휴간 중 임경래로부터 판권을 다시 인수한 조병옥·주요한 등은 사장에 조만식을 추대하였다. 11월 23일 견지동 본사 사옥에서 속간호를 냈다. 그러나 임경래에게 회사 인수금을 완불하지 못한 조병옥 등은 임경래에게 부사장 자리를 주었다. 그 때문에 사원들이 1933년 3월부터 경영진의 퇴진을 요구하고, 안재홍의 복귀를 요구하면서 다시 분규에 휩싸였다. 이 파동으로 사장 조만식, 전무 조병옥, 편집국장 주요한, 영업국장 방응모는 일단 사임하였다.

대조선정신의 회복을 주창하다

1929년 5월 22일부터 6월 27일까지 문일평은 『조선일보』에 「조선인과 국제안國際眼」을 발표하였다. 조선 성리학의 맹목적 존화주의를 비판한 것이다. 관념적 명분과 외형적 의리보다 실리 우선의 국가외교를 강조하였다.

> 근래 조선인이 국가적으로 실패한 것이 비록 한두 가지 원인이 아니겠지마는 민기民氣의 위미萎靡와 아울러 지도자의 국제적 문맹인 것에 크게 관계가 있음을 알아야 하겠다.
> 국제 경쟁이 한층 더 격렬하여진 판에 있어 국제안은 도리어 전일보다도 무디게 되었으니 어찌 실패하지 않을 수 있으랴?
> 국제안은 항해자에게 측량술 이상으로 위정가에게 필요한 것이니 이것이 있다면 그 결과는 알 것이다.

이와 같이 문일평은 국제안의 유무야말로 국가와 민족의 흥망과 직결되는 것이라고 파악하였다. 또한 국제안이 삼국시대와 고려시대는 뛰어났지만 조선시대부터는 무디어지고 상실되었다고 파악했다.

삼국과 고려는 문무를 병용하고 유불이 병행하더니 이조에 와서는 문을 편중하고 무를 누이었으며 문에 있어서도 특히 유만을 편상偏尙하고 불을 눌렀었다.
이 불교의 압박으로 생긴 손실중에 심상히 간과하지 못할 것이 또 하나 있으니 그는 구법승려가 없어지게 된 때문에 종교 정치 군사 및 기타 모든 방면에 있어 전위대의 중요한 임무를 맡아보는 그네들을 상실한 것이다. 이 곧 국가로서의 눈 하나를 상실한 것이 아니냐. 구법승뿐 아니라 지금까지 대륙에 파견하던 유학생까지 정지하였으므로 남아있는 한 눈을 마저 딱 감게 된 것이다.
이 곧 삼국 이래 가지고 오던 우리네의 독특한 국제적 혜안을 상실하게 된 것이니 어찌 통분할 일이 아니랴.

문일평은 고려시대까지 지속되던 국제적 혜안이 조선시대부터 상실된 이유를 조선왕조의 통치이념인 성리학의 폐단에서 찾았다. 다시 말해 문일평은 조선왕조의 통치이념인 성리학의 맹목적인 존화주의·사상적 폐쇄성·사림의 비현실성 등이 생산적인 외교를 못하게 했고, 그 결과 끝내는 세계 진운에서 낙후하게 된 것으로 이해하였다.
이것은 그가 관념적인 명분과 외형적인 의리보다는 타산성과 실리를 우선으로 하는 국가외교를 중시한 까닭이다. 민족의 발전과 민중의 이익을 그 기저에 깔고 있는 민중 지향적 역사인식의 반영이었다.

문일평은 일관되게 '사대주의', '당론' 등으로 대표되는 조선시대 '정치사'를 부정적으로 평가했다. 그리고 개항 이후 근대사의 전개과정에서 조선 지도자의 '국제적 문맹'을 비판했다.

문일평은 1927년 1월 2일부터 4일까지 『조선일보』에 연재한 「정묘호란」이라는 글에서 다음과 같이 적었다.

> 숭유수문崇儒修文에 편경偏傾한 이조李朝 국책이 항상 부질없이 이학理學의 공론空論과 사대事大의 허례虛禮로써만 입국立國의 기본을 삼으려고 하였으므로 저 수·당과 대치하던 고구려의 웅위한 패도覇道는 말하지 말고 만주로 진전하는 왕씨조王氏朝의 적극적 정략을 꿈도 꾸지 못하게끔 나라에는 무비가 없고 사람들은 문약에 흐르게 되었다. 더욱 중세에 당론이 발생하매 조신 사이에 분쟁, 배제, 알력이 심해져 천하 고금에 유례없는 붕당화한 국가를 이루었다.

문일평은 1929년 6월 29일부터 7월 11일까지 『조선일보』에 연재한 「최영崔瑩과 조선정신朝鮮精神」에서 한국사의 전개를 '대조선정신'과 '소조선정신'의 대립과 갈등으로 설명하였다. 그는 그것을 자존사상自尊思想과 한화사상漢化思想, 또는 국가주의와 가족주의로도 표현하였다. 이같은 문일평의 '조선정신'은 신채호가 제시한 낭가사상과 크게 다르지 않았다. 신채호는 사대적인 유교사상을 외래사상으로 보고, 한국민족사를 고유사상과 외래사상의 투쟁사로 파악하였다. 그는 『조선상고사』 총론에서 역사를 '아와 비아의 투쟁'이라고 지적했다. 그것은 이민족과의 투쟁사를 포함하지만 사상적인 투쟁으로 이해하고자 한 것이다.

　문일평의 대조선정신과 소조선정신의 갈등도 사상적 투쟁의 측면이 강조된 것이다. 문일평의 관점에 의하면, 조선시대는 소조선정신이 대조선정신을 질식사시킨 시대였다.

11 조선심과 문화사에 주목하다

조선심의 대표자 세종대왕

1933년 4월부터 『조선일보』에 게재한 「사안史眼으로 본 조선」이란 글에서, 문일평은 '이조' 문명이 훈민정음을 창제함으로써 미래의 민중문명을 배태한 진보적 시기로 평가하였다. 정치적으로 보면, 조선은 국망을 불러들인 퇴행적 시대였지만, 문화사 쪽으로 조금만 시각을 달리하면, 조선은 우리 역사에서 가장 실용적인 색채를 띤 진보적 시대에 해당하였다.

> 이는 벌써 이조문명이 나려羅麗(신라와 고려)보다 실용적 색채를 짙게 띠니 만치 미래의 민중문명을 암시 혹은 배태한 것이다. 무엇보다 이것을 가장 잘 설명하는 것이 훈민정음 자체이다. 훈민訓民이란 그 어의는 곧 민중의 훈육訓育을 의미한 것이어서, 여기에서 역사 동향과 문명 진운進運이 거의 일치됨을 발견할 수 있다.

그러므로 역사의 진보상 이제는 과거와 같은 소수의 귀족문명이 아니라, 다수의 민중들이 만들어내는 민중문명의 시대를 열어야 할 것을 주장하였다.

구문명의 폐허에 신문명의 씨를 뿌리고 있는 오늘날 조선인은 그 일동일정一動一靜이 바로 역사에 영향을 미친다. 과거의 조선인이 현재의 문명을 지은 것과 같이 현재의 조선인이 미래의 문명을 짓고 있다. 다만 과거에는 소수인에 의하여 그것을 짓게 되고 현재에는 다수인에 의하여 그것을 짓게 되는 것이 다를 뿐이다. 소수인에 의하여 지은 문명은 귀족문명이요, 다수인에 의하여 지은 문명은 민중문명이다. 전자의 특징이 이상적에 있다면 후자의 특징은 실제적에 있다.

앞으로 도래할 민중문명 시대의 핵심은 실제적, 실용적인 데 있다는 것이다. 문일평이 세종대왕에 주목한 것도 바로 이 지점이었다.

지금까지 세계에 내놓아도 손색이 없을 만큼 조선에서 불교사상의 대표자가 원효이고, 유교사상의 대표자가 퇴계라는 점은 분명하나, 이들과 세종대왕과는 질적인 차이가 있다.
즉 오늘날에 와서 유불의 쇠미하여짐에 따라 원효와 퇴계의 사상적 영역도 점점 좁아져 다만 철학사상의 일개 학설로서 그 잔영을 남길 날이 멀지 않다.
그러나 원효와 퇴계의 철학사상이 현사회에서 그 자취를 감추어 감에도 불구하고 세종의 실무적 사상은 오히려 그가 창정創定한 훈민정음을 통하여 조선인 대중 사이에 활개를 치고 있다.

따라서 원효·퇴계는 귀족문명 시대에 있어서 사상계의 대표자가 되었다면, 세종은 장차 오는 민중문명 시대에 가서도 사상계의 선도자 됨을 잃지 않을 것이다.

문일평은 계급모순의 해소를 강조하는 민중사관을 강력하게 주장하였다. 그렇지만 일방적으로 사회경제사관에만 빠져 있지도 않았다. 그는 물질적 토대의 상부구조를 형성하고 있는 문화나 정신에 대해서도 깊은 관심을 보였다. 일견 모순되어 보이기는 하지만, 이런 복합적인 측면들이 모여 문일평의 민족사학을 구성하고 있었다.

1930년대 문일평의 역사 세계는 학문·과학·종교·예술·풍속 등 다방면에 걸쳐 있어 한국문화사에 대한 취급 범위가 가장 광범위했다고 할 수 있다. 이 같은 다양한 분류사의 서술은 문일평 학풍의 특징이라 할 수 있다. 특히 문일평은 한국 정신사·사상사의 개척자로도 평가된다. 문일평은 '조선심朝鮮心'이란 말을 강조하였다. 그의 조선심은 곧 한국문화에 내재한 한국인의 고유한 심성을 의미한다.

일제강점기에 활동한 민족주의사학자들은 역사의식의 고취를 통해서 독립운동의 힘을 한데 모으고자 하였다. 그리하여 박은식은 조선혼을, 신채호는 낭가사상을, 정인보는 조선의 얼을 강조하였다. 이에 비견되는 것이 문일평의 조선심이다.

문일평의 조선심은 1928년 5월 『별건곤別乾坤』에 발표한 「조선심 차진 조선문학」에서 처음 등장한다. 여기에서 문일평은 한글을 통해서 조선의 민중이 '조선맘' 즉 조선인의 고유사상을 자유로이 표현할 수 있게 되었다는 점을 높이 평가했다. 한글은 조선맘을 표기할 수 있는 지보至寶이므로, 훈민정음의 창제는 진정한 민중문학의 시발점이라는 것이다. 그리고 한자와 같은 남의 문자가 아니라, 우리가 만든 한글을 가지고 세계 문단을 이채롭게 꾸밀 것을 제안하였다.

문일평은 한글의 창제를 한국 문학사상의 최고 분수령으로 파악하였다.

> 우수한 문화족文化族이면서도 독특한 문학사文學史를 가지지 못한 것은 조선인이다. 자기네 언어문자를 가지고 자기네 사상 감정을 여실히 적어내지 못하는 곳에 어찌 독특한 문학사가 성립될 수 있으랴. …… 한자의 음의音義를 빌어 우리네 말을 적게 되는 이두문吏讀文 시대와 25자모子母로 구성된 아주 완미完美한 글자를 가지고 우리네 말을 제 맘대로 적어내던 정음正音시대와 둘로 나눌 수 있으니, 한글 창작을 조선 문학사 상의 최고 분수령으로 삼아 그 이전은 이두시대에 속하는 것이요, 그 이후는 정음 시대에 속하는 것이다.

한글은 조선심의 결정체였다. 그것은 민중이 부자연스러운 외국 문자에서 해방되어, 비로소 우리의 감정을 자유롭게 표현할 수 있게 되었기 때문이었다.

우리네 문학사에 있어 독특한 이채를 영발映發하는 것은 조선심의 일대 결정인 정음의 창작이다. 우리민족의 성인이신 세종대왕께서 조선글로 조선말을 적어 조선맘을 뚜렷이 나타내려는 권의眷意로써 일반 사용상 아주 교묘하고도 간편한 정음을 발명하신 것이다. 정음이 생긴 뒤에야 비로소 부자연한 외국 문자에서 해방되어 대중이 자기네 문자를 가지고 자유자재로 자기네 사상 감정을 적게 되었다.

삼국시대 이후부터 중국 문화의 영향으로 사대주의가 극심해질 때에 한글을 창제한 것은 우리의 글로써 조선심을 묘사함으로써 비로소 우리의 고유사상에 눈을 떴다는 엄청난 의미가 담겨 있다고 평가하였다.

삼국을 지나 여조麗朝부터는 중국을 그대로 모방하기 시작하여 나의 것을 말작 버리고 남의 것만 숭상하는 학풍이 이조에 들어와서 더욱 심하게 되어 전국을 들어다가 아주 중국화하고 말았다. 이때에 있어 아주 완미한 조선 글자를 창작하여 조선맘을 묘사하게 된 자기 고유사상에 눈뜬 사실 그것이야말로 조선인의 지보인 정음으로 더불어 조선문학사에 특필대서할 것으로서 세계에 자랑할 만한 것이다.

그러나 우리는 한글이라는 도구에 만족할 것이 아니라, 그것을 통해서 세계 문단에 공헌할 수 있는 좋은 작품을 만들어 내야만 한다고 했다.

우리는 이 대지大地에 관절冠絶한 정음을 창작하고 또 그것을 소유함으로

써만 문학사상 자랑거리로 삼고자 아니하고 오직 이 정교한 정음을 잘 애용하여 조선인의 우미優美한 정감과 및 그 생활을 써서 내어 세계 문단에 크게 공헌함이 있음으로써 문학사상 자랑거리를 삼고자 한다.

문일평은 1929년 6월 『문예공론文藝公論』에 발표한 「민족문학의 수립」이라는 글에서 다시 한 번 한글 창제야말로 진정한 한국문학의 시작이라는 점을 주장하였다. 이는 한글창제의 의미를 되새겨 그동안 사대주의에 찌들대로 찌든 한국혼의 자각을 역설한 것이다.

조선의 문학이라 하여 세계 어느 민족의 그것에 비견해 세울 만한 것이 없는 것은 사실입니다. 이것에 대한 역사적 내지 사회학적 이유를 말할 것이면 무론毋論 여러 가지가 있을 것입니다. 그중에서 제일 큰 이유를 말한다면 누구나 한자漢字와 한학漢學의 압박이었다고 할 것입니다. 어느 의미로 보아서는 신라의 이두문학吏讀文學이 우리 문학 배태이었다고 말할 수 있지만 가장 엄밀하게 말한다면 정음 반포 이후로서 순정한 우리 문학의 창시를 말할 수 있을 것이니, 그리고 본다면 수천년 한자 한학의 숭앙으로 말미암아 해독이 얼마나 뼈아픈 사실인가를 짐작할 수 있을 것입니다.

문일평은 1935년 10월 28일 『조선일보』에 「정음소사正音小史」를 발표하였다. 조선민족이 한글과 같은 훌륭한 문화적 유산을 창안 계승했음에도 불구하고, 어째서 국망에 이르렀는지를 묻는 글이다. 한글은 민족적 의의와 민중적 의의를 겸비한 것이므로, 그 글자 창작에 담긴 고귀한 문화의 이상을 인식해야 한다고 주장하였다.

후기 문화사학자 문일평

문일평의 한글을 매개로 한 조선심의 강조는 우리 역사의 동향을 문화사적인 시각에서 해석함으로써 식민사관에서 내세우는 조선사의 정체성 주장을 극복하고자 한 것이다. 문일평이 1931년 10월에 간행된 오다小田 교수의 『조선소사朝鮮小史』를 보고 평한 「조선소사」라는 글에서 "조가朝家의 흥폐에 주중注重하고 문화의 방면에 생략되어 한국사의 의의를 적이 몰각시켰다"고 비판한 것도 그러한 맥락에서였다.

문일평은 조선시대 초기부터 한말까지의 '정치사'는 '발전'이나 '진화'의 맥락에서 벗어난 것으로 평가했다. 그는 민족사를 구성할 때, 부정적인 요소를 한국 혹은 한국 민족의 고유한 것 혹은 고정적인 것으로 이해하지 않았다. 그는 부정적으로 평가된 정치사보다 문화사에서 그 해답을 찾고자 했다.

문화사에 대한 관심은 일제강점기 다른 민족주의 사가들에게서도 공통적으로 보이는 특징이었다. 황의돈·장도빈·권덕규는 물론 최남선도 통사를 저술하면서 문화를 별도의 장절로 설정하였다. 이는 종래 왕실 중심의 정치사 일변도의 연구경향에 대한 반성이라는 학문적 성숙의 결과였다. 뿐만 아니라 정치사의 서술만으로는 민족의 분발을 기대하기가 어려웠기 때문이다. 문화적 자긍심을 고양시켜 궁극적 목적인 일제 타도를 지향하였던 민족주의 사가들의 현실인식에 기인한 것이었다.

문화사학은 3·1운동과 더불어 부상한 문화사조와 인도주의를 시대적 배경으로 하여 발달한 것이다. 따라서 문화사학은 문화적 기능이 역사를 변천시킨다고 이해한다. 사회의 상층구조의 변화인 정치사·제도사·문화사·예술사·종교사·풍속사 등을 총체적으로 혹은 부분적으로 추구하여 역사발전의 구조와 현상과 의미를 파악하려는 역사방법론의 변화였다.

문일평은 문화사의 영역을 종교, 문학, 예술, 산업 및 풍속 등으로 설정하였다. 여기에 더하여 정치사와 구별되는 경제사를 넓은 의미의 문화사에 포함시켰다. 문화사 연구는 '조선적인 것'의 독자성·우수성을 강조하고자 함에 있었다. 이는 일제의 식민사학에 대항하고자 하는 방안이었다.

문일평이 일제에 대한 정신적 대응의 차원에서 문화사를 강조하고, 특히 그 핵심주제로 조선심을 강조하였으므로 자칫 유심론 사가로 분류되기 쉽다. 그러나 그의 조선심은 선험적인 것이 아니라 조선 민족의 역사와 문화의 축적에 의해서 형성된 것을 가리키는 것으로 그중 하나가 한글 창제였다. 그러므로 박은식·신채호·정인보의 유심론과는 구별되는 것으로 평가받고 있다. 문일평은 정치사와 대비된 문화사를 강조한 점에서는 다른 문화사학자와 결을 같이 하면서도, 문화사 서술에서 민중의 역할을 강조하거나, 과학적 시각을 적용하고자 하는 특징이 있었다.

그리하여 문일평은 '후기 문화사학자'로 구분되고 있다. 문일평과 초기 문화사학자와의 차이점은 우선 초기 문화사학에서 보여준 지배계급 중심의 문화나 이러한 역사인식을 극복한 것이다. 또 민족주의를 추구하면서도 국수주의 의식을 극복하고 있던 것이 후기 문화사학자로서 문일평의 모습이었다. 또한 문일평은 조선심을 중시하면서도 조선사가 과학적인 역사발전 단계를 밟아야 한다고 믿었다.

문일평은 1929년 1월 『신민新民』에 발표한 「우리 청년의 진로」라는 글에서 문화 수용 자세에 관한 아주 중요한 문제를 다루었다. 조선문화에 대한 각성과 외래문화의 주체적 수용을 강조한 것이다.

> 보십시오. 중국의 국민들은 새롭고 우월한 남의 사조를 수입하기를 게을리 하지 않습니다마는 자기의 것을 버리지 않습니다. 자기라는 그릇에 그것을 담기 때문에 소화가 되고 힘이 되는 것이고, 자기 것을 버리고 함부로 남의 것을 쫓기에 흡흡洽洽하다가는 결국은 내 것마저 잃어버리고 마는 참패를 보게 될 것입니다. 흔히들 말하기를 과도기 과도기 하여 그 시대를 원망하는 것을 봅니다마는 그러나 큰 눈으로 본다면 어느 시대나 과도기 아닌 때가 없겠지요. 따라서 그 어떤 과도기에 처하였거나 역경에서거나 사재死灰를 뒤져 볼 필요가 있고 그곳으로부터 빨간 불꽃을 뒤져낸다는 것이 반드시 기적만도 아닙니다.

문화사학자로서 문일평의 진면모가 엿보이는 것은 다음의 문장에서이다. 문일평은 절절한 심정으로 청년들에게 자기문화에 대한 각성을 촉구하였다.

맨끝으로 이것만은 이상의 모든 것을 잊더라도 꼭 생각하여 달라는 한 마디가 있습니다. 이것이야말로 이상 말씀한 모든 것을 퉁트려 뭉친 조선청년에게 보여줄 커다랗게 번쩍이는 등대라기보다도 태양일 것입니다. 그것은 무엇이겠습니까.

그대들이 조선청년이거든 조선이라는 것을 좀더 절실히 알아주십시오. 일본을 알기 전에 러시아를 알기 전에 미국을 알기 전 먼저 먼저 조선을 깊이 깊이 알아주고 걱정하여 주십시오.

문일평에게 이와 같은 역사 서술의 모범을 제시한 이는 역시 신채호였다. 문일평은 1929년 10월 3일에서 16일까지 『조선일보』에 「독사한평讀史閑評」을 실었다. 여기에서 문일평은 다른 역사학자들의 저술들을 분석하고 비판하였는데, 유독 신채호에게만은 극찬을 아끼지 않았다. 분석과 비판의 기준은 역시 그가 1927년에 저술한 「조선사의 교과서에 대하여」가 큰 비중을 차지하고 있었다.

권덕규權悳奎의 『조선유기략朝鮮留記略』에 대해서는 여러 가지 장점이 있음에도 불구하고 한자의 수가 너무 많고, 사실의 양이 너무 많은 점을 단점으로 꼽았다.

학교에서의 조선사란 것이 수의과隨意科임으로 내용의 충실을 묻기 전에 단시일간에 마칠 수 있는 분량 적은 역사를 요구하게끔 된 형편을 고려해서 대총大總한 관념만 넣어주는 것이 좋을 것 같다.

국망 이후 무단통치 시절에는 학교에서의 한국사 교육이 전면 금지되었다. 그러다 3·1운동의 여파로 이른바 문화정치가 시행되면서 1920년대에는 학교마다 '수의隨意'에 의하여 한국사 수업이 부분적으로 허용되었다. 문일평은 언제 어떻게 변할지 모르는 그러한 제한적인 상황에서는 적은 분량이지만 한국사의 대강과 요점을 가르칠 수 있는 교재가 더 필요하다고 본 것이다.

황의돈黃義敦의 『증정중등조선역사增訂中等朝鮮歷史』에서는 역대 왕조의 문물제도에 대한 서술이 너무 소략한 점을 단점으로 꼽았다. 장도빈張道斌의 『조선역사대전朝鮮歷史大全』은 동일한 장章에서 비록 제목은 다르나 똑같은 단군사화를 여러 번 중복한 점, 또 상고사에 있어서 단군에 관한 서술 분량이 그 뒤의 열국에 대한 서술의 분량보다도 도리어 많은 것은 역사발전 과정과 부합하지 않는다는 것, 그리고 고조선의 단군기를 서술함에 있어 그 서술 방식이 너무 박잡駁雜하여 정사正史인지 전설傳說인지 얼른 알아보기 힘든 점 등을 단점으로 지적하였다.

현채玄采의 『반만년조선사半萬年朝鮮史』는 그가 대한제국 학부學部 편집과장일 때(1903) 간행한 『동국사략東國史略』의 내용을 거의 그대로 전재한 것이어서 문제가 많은 것으로 보았다. 『동국사략』은 일본인 식민사학자 하야시 다이스케林泰輔의 『조선사』를 번역한 것이기 때문이었다. 문일평은 『반만년조선사』가 중요한 사실의 왜곡뿐만 아니라, 전설을 그대로 섞어 적은 것이 많고, 『동국사략』 이후 20년이 지나는 동안 진전된 '조선사' 관련 연구성과를 전혀 반영하지 않았다는 점을 지적하였다.

이에 반해서 신채호의 『조선사연구초朝鮮史研究草』에 대한 문일평의 평가는 대단히 후했다. 『조선사연구초』는 신채호가 1920년대 초반에 저술하여 1925년에 신문에 연재한 것을 1926년에 홍명희가 수집하여 1929년에 발행한 것이다. 문일평은 신문을 통해 「조선사연구초」를 처음 읽고 느꼈던 흥분을 다음과 같이 기록하였다.

> 이 사론이 일찍 조선 내에 있는 신문지를 통하여 실리게 될 때 사계 식자들 사이에 다대한 「센세이션」을 일으킨 것은 아직도 기억에 새로운 바이어니와 그를 아끼는 친구들이 지금 그 사론의 편篇을 다시 수습하여 단행본으로 출간한 것이 곧 『조선사연구초』이다.

이어서 문일평은 역사가로서 신채호에 대한 극찬을 쏟아냈다.

> 역사가로서 혁명적 기백을 가진 그는 신라 이래 소조선小朝鮮의 역사에 대하여 아주 불만을 품어 깊이 묻혀있는 우렁찬 대조선大朝鮮의 정신을 파내려고 무척 애를 썼음으로, 단재丹齋라면 오늘날까지도 조선혼朝鮮魂을 부르짖던 애국자로 생각하는 것이 보통이다.
> 단재가 단재 된 이유는 그의 열정보다도 독특한 사안史眼에 있는 것이다. 그는 항상 보는 바가 빠르고 날카로워 거의 타인의 추급追及을 허하지 않는다. …… 그 글에 수습한 편篇의 사론은 조선사를 연구하는 이로서는 누구나 한번 참고하지 않을 수 없다. ……『삼국지』「동이열전」 교정 같은 것은 역사 저술하는 이의 가장 필요한 사료 선택에 관하여 비판적 태도를 보여준 것이다.

이미 간행된 역사서적들에 대한 비판 속에는 문일평이 평생의 역사 저술을 통해서 보여주고자 하는 여러 가지 역사 서술의 기준들이 응축되어 있었다. 그것은 첫째 민중들이 쉽게 알아볼 수 있는 한글을 주로 사용할 것, 민중들이 쉽게 이해할 수 있는 역사의 요체를 간략하게 기술할 것, 정치사 서술 못지않게 문화사의 측면에 주목할 것, 대조선의 정신을 파내어 조선혼을 일깨울 것, 역사를 바라보는 날카로운 사안을 유지하고, 사료 비판에 충실할 것 등으로 요약할 수 있다.

문일평은 1929년 11월 13일부터 11월 17일까지 『조선일보』에 「조선문화에 대한 일고찰」을 발표하였다. 귀족문명에 대비되는 민중문명의 중요성을 강조하였다. 이 글에서 문일평은 한국사에서 민중의 발견은 지리상의 발견에 버금가는 대단한 일로 여겼다.

그네들 중에 어떤 이는 일 보를 더 나아가 사회를 발견하게 되었고, 최후로 민중을 발견하게 되었다. 그리해서 사회운동이 생기며 민중운동이 생기며 무슨 일에든지 사회화를 부르짖고 민중화를 부르짖게 되었다. 물론 이것이 세계적 대사조에 자극을 받아 그리된 것이라 해도 종래 가족문화의 협착한 범위 안에서만 아장거리던 조선인에게는 콜럼버스의 아메리카 발견과 바스코다가마의 인도 항로 발견과 마찬가지로 신세계를 발견한 셈이다.

문일평은 같은 글에서 소수의 계급이 특권을 독점하는 것이 아니라, 다수의 민중이 역사의 주인이 되는 사회적 혁명을 기대하였다.

금후 조선 문명은 과거와 같이 가족을 본위로 한 소수의 계급적 문명이 아니오 아무쪼록 민중을 기조로 삼는 사회적 문명이 현출하게 될 줄로 믿는다.

1920년대 이후 안확과 최남선 등의 한국 역사와 문화 연구가 민족 단위의 모색을 진행할 때 문일평은 이미 피지배계급 중심의 사회적 혁명을 기대하고 있었다.

문일평에 의하면, 한국사는 제왕들의 역사만이 아니라 동시에 반역자의 역사이기도 하였다. 진정한 반역아일수록 그에 의하여 시대의 병폐와 사회의 결함이 폭로되는 것이다. 그 반역아들을 통해 그 시대와 사회를 알 수 있다고 보았다. 1930년 9월 21일에서 10월 10일까지 『조선일보』에 연재한 「조선반란사론朝鮮叛亂史論」이 그런 글이었다.

연개소문·궁예·정여립 등 반역아는 문일평뿐만 아니라 장지연·신채호·박은식 등에 의해서도 주목되었다. 신채호 같은 민족주의사학자들이 역사의 반역아들을 주목한 것은 독립전선에 과감히 뛰어드는 데는 혁명가의 기개가 요구되었고, 그것을 '반역' 정신을 가진 사람들에게서 기대하였기 때문이다.

그러나 문일평이 시대의 반역아들을 주목한 것은 계급투쟁적인 관점이 보다 두드러진다. 문일평은 갑오년에 봉기한 수십만의 민중을 혁명군으로 파악하였다. 그의 역사인식은 민중의 계급투쟁을 역사의 원동력으로 인식하는 단계에 도달해 있었다.

문일평은 1933년 5월 31일부터 7월 4일까지 『조선일보』에 「역사상의 반역아反逆兒」(「사상의 기인」)를 발표하였다. 여기에서 모두 13명의 반역아를 고찰하였다. 그중에서도 1811년에 일어난 홍경래의 난을 민중혁명의 선구라며 높이 평가했다. 문일평은 시대적 병폐를 개선함에 있어서 민중의 적극적인 지지와 과감한 봉기가 필요함을 인식하였다. 또한 역사의 개척에 있어 민중의 역할을 강조하였다. 역사의 원동력으로서 민중의 힘에 대한 문일평의 사안은 사회변혁을 위한 새로운 문명의 도래를 예견하였다.

문일평은 1933년 7월 16일부터 8월 11일까지 『조선일보』에 「세계문화사선구世界文化史先驅」라는 글을 연재하였다. 같은 해 4월부터 게재했던 「사안史眼으로 본 조선」과 연속성을 갖고 있는 글이었다. 세종조의 문자 발명, 과학문명의 중요성, 민중으로서의 세종 같은 지도자 등을 들면서 민중문명의 중요성을 강조하였다.

> 근대문명에 뒤진 조선은 반드시 비관함에 미치지 않는다. 정음正音같은 문명의 이기를 가진 우리로는 이 글을 잘 활용하여 과학을 배움에 노력만 한다면 늦게 떠나서도 앞선 그네를 따라 잡지 못할 것은 아니니 한 번 앙심먹고 해볼 것이다. …… 조선인이 세종같은 대천재를 낳은 것도 자랑이 아닌 것이 아니나 민중으로서의 세종같은 지도자를 가진 것이 한층 더 자랑이 되겠다.

'민중으로서의 세종'이란 세종을 지위로서가 아니라, 민중을 위해서 이바지했던 그의 뜻과 행동을 가지고, 세종을 민중과 등치시켰던 것이다.

민족문화의 특수성과 세계 문화

문일평에 의하면, 사상이란 문화를 배양하는 토대이자 또한 문화로부터 영향을 받으면서 자라나는 인과적因果的 상보물相補物이다. 그중에서도 '조선사상'이란 특수한 환경에서 오랜 역사를 통해 형성시킨 일종의 조선심朝鮮心이라는 것이다. 그것이 세종에 의해 구체적으로 표현된 것이 훈민정음이라고 보았다. 그러므로 세종은 조선심의 대표자였고, 조선심을 떠나서 세종은 독립할 수 없는 존재였다.

문화와 사상이란 것이 절대로 다른 것은 아니다. 서로 영향을 미치며 서로 연락을 지어 문화가 사상을 배양하고 사상이 다시 문화를 탄육誕育하는 말하자면 인과적 관계가 있다. 세종께서 창조하신 문화는 조선아朝鮮我에 눈뜬 제일보第一步이니만치 그것이 곧 조선사상朝鮮思想의 연원을 지었다.

'조선사상'이란, 비록 우리의 문화전통 중에서 외래문화의 영향을 받은 것이 있다 해도 그것을 '조선사람'들이 '조선'이라는 특수한 환경에서 다듬어 낸 특수한 조선심일 뿐이다.

다만 조선사상이 그때나 이때나 무슨 체계를 가진 독특한 사상은 아니다. …… 비록 예로부터 조선이 중국·인도사상의 감화를 많이 받았으나 특수한 환경에서 특수한 생활을 하게 된 조선인은 구원久遠한 역사를 통하여 일종 특수한 조선심을 형성함에 이른 것으로서 그것이 세종에게 의하여 가장 구체적으로 표현된 것이다. 이러한 의미에서 세종을 조선심의 대표자라 부르고 싶다.

불교철학을 떠나서 원효가 독립할 수 없고 유교철학을 떠나서 퇴계가 독립할 수 없는 것과 같이 조선학을 떠나서 세종이 독립할 수 없으므로 불유학佛儒學이 쇠해지고 조선학이 자라남을 따라서 원효 퇴계의 존재는 차차 멀어가고 세종의 광채는 더욱 증장될 것도 거의 의심 없는 사실일 것이다.

문일평에 의하면, 조선심은 조선학을 이루는 원류가 된다. 그렇다면 문일평이 말한 조선학이란 무엇인가? 광의로는 종교·철학·예술·민속·전설 할 것 없이 조선연구의 학적 대상이 될 만한 것은 모두 포함한 것이다. 협의로는 조선어·조선사를 비롯하여 순조선문학純朝鮮文學 같은 것을 주로 지칭해야 한다고 하였다.

조선학이 '조선인'의 특수성을 표시하는 그 언어와, 과거상을 영사하는 그 역사와, '조선인'의 실생활을 써 내린 조선문학이라면 조선학은 조선 글의 발명과 그 발달에 의하여 비로소 그 존재의 가치를 증대하게 된 것이 사실이다.

그래서 조선문朝鮮文, 즉 조선글은 조선심에서 생겨난 결정인 동시에 조선학을 길러주는 비료라고 보았다. 그렇지만 그 후 5세기 동안에 '조선'의 사상계는 자는 듯 조는 듯 조선학의 수립에 대하여 특별한 진전을 보지 못하였다. 문일평이 조선학의 창조적 수립을 강조한 이유가 바로 여기에 있었다. 또한 문일평은 한국인들이 나아가야 할 문화의 방향을 제시하였다.

그러나 오늘날은 차차 구사상에서 벗어나 신사상의 자극을 받게 된 조선인은 조선을 재의식할 때가 왔다.
한편으로 신문화를 받아들임과 함께 한편으로 조선학을 잘 만들어 세계 문화에 특수한 기여가 있어야만 할 것이니 이는 문화족으로서의 조선인에게 부과된 일대 사명인가 한다.

문일평은 민족문화에 대한 재인식을 강조하였을 뿐만 아니라, 조선 문화의 세계 문화에 대한 특수한 기여를 기대하였다. 이것이 그를 후기 문화사학자로 구분하는 주요한 구별점 중 하나가 되었다.

그렇다면 한국 문화가 세계 문화의 선구가 되기 위해서는 어떻게 해야 할 것인가.

「사안으로 본 조선」의 골자가 '조선문명의 특수성에 대한 재인식과 세계적 보편성 획득'이었던 만큼, 「세계문화사선구」는 전편과 연속적인 성격을 갖고 있었다. 문일평은 우선 한국이 세계 최초로 금속활자를 만들어낸 민족임을 밝히고, 그것이 조선시대 태종의 동활자 창시와 세종의 문자 발명으로 이어졌다는 것을 높이 평가하였다.

문일평은 한층 더 진보된 금속활자의 발명에 이르러는 조선이 만국에 선구가 되었다고 하여 조선인이 선진문화 민족이었음을 밝히고 있다. 그러나 불행하게도 그 기술은 임진왜란을 통해 일본에 전해진 후 오히려 일본을 통한 서양 활자술을 수용하는 데에까지 이르렀다고 개탄했다. 과거의 화려한 영광이 후세의 지속적인 노력 없이는 그 명성을 유지할 수가 없음을 지적한 것이다. 그러나 문일평은 아픈 역사의 기억 속에 좌절하고 있는 것이 능사가 아님을 역설했다.

문일평의 생각에 한국인은 한글을 창제한 유능한 민족이었다. 그 천부의 재능을 바탕으로 일순간 부족했던 과학 지식을 보충한다면 한국인들은 반드시 세계의 으뜸이 될 수 있을 것이다. 그러나 문일평의 꿈은 단순히 한국인이 세계를 제패하는 데 있지 않았다. 세계 문화를 취하여 한국인의 문화수준을 고양시키는 일, 또 그 고양된 문화수준을 가지고 세계 문화 발전에 이바지하는 일. 이 두 가지가 동시에 유기적으로 선순환하면서 아름다운 인류문명을 함께 가꾸어 가는 것이었다.

오늘날 우리의 임무는 마땅히 세계 문화를 섭취하여 조선아朝鮮我를 심화하는 한편에 무슨 형식으로든지 조선 문화를 가지고 세계인에게 보탬이 있어야 하겠다. 이것이 금후 조선인에게 부과된 고귀한 문화적 사명인가 한다.

이와 같이 문일평의 민족주의는 폐쇄적 국수주의가 아니라, 세계 인류와 소통하는 보편적 인류애를 지향한 것이었다. 민족문화의 특수성과 세계 문화의 보편성을 조화시키려는 이상을 추구하였음을 보여준다.

라디오 한국사 강의

1932년 2월 23일 문일평은 경성방송국 라디오 방송을 통해서 한국사 강의를 하였다. 오후 1시 10분부터 「역사상에 현현顯한 조선 여성의 지위」라는 주제로 하는 부인강좌였다.

우리나라 라디오 방송은 일제강점기인 1925년 11월 조선총독부 체신부에서 출력 50W의 무선실험방송을 한 때부터 시작됐다. 최초의 방송국은 1926년 11월 설립돼 1927년 2월 16일 1kW 주파수 870kHz로 개국한 경성방송국JODK이다. 방송은 오전 6시부터 오후 11시까지 일본어 70%, 한국어 30% 정도의 비율로 진행됐다. 이후 경성방송국은 1932년 4월 7일 조선방송협회로 개명됐고 다음 해 4월부터 제1방송은 일본어, 제2방송은 한국어로 송출됐다. 1942년 태평양 전쟁 중에는 일제의 군사 보안상 한국어 방송이 중단됐고 영어식 용어 사용이 금지되기도 했다. 조선방송협회는 1945년 9월 남한에서는 한국방송공사로, 북한에서는 조선중앙방송으로 이름을 바꿔 국영방송 시대의 문을 열었다. 지방방송국으로는 부산방송국이 1935년 최초로 개국했으며 1945년 광복 전까지 주요 도시에 16개 지방방송국이 개국했다.

1937년 7월 16일자 『동아일보』에 따르면, 당시 문일평은 조선방송협회 라디오 방송의 교양프로그램에서도 강연하였다. 오후 1시 10분 「경성 부근의 탐승探勝에 취就하여」란 주제의 취미 강화 방송이었다. 1932년부터 같은 시간대에 같은 프로그램을 맡고 있는 것으로 보아, 문일평은 당시 라디오 역사 교양 강좌의 단골 논객이었던 것으로 보인다.

문일평 출연 라디오 기사(『동아일보』 1932년 2월 23일)

문일평 출연 라디오 기사(『동아일보』 1937년 7월 16일)

마지막 조선일보사 시절　12

조선일보사에 편집고문으로

경영난과 분규에서 벗어나지 못하는 가운데 1933년 1월 평안도 광산 부자였던 방응모方應謨는 자신의 재산을 조선일보사에 투자하면서 주식회사 『조선일보』 창립을 발기하였다. 방응모는 고문에 조만식을 추대하고, 자신은 사장을 맡았다. 편집국장은 주요한이 맡았다. 사시社是로는 정의옹호, 문화건설, 산업발전, 불편부당 등 4가지를 내걸었다. 그해 여름에 이광수를 부사장으로, 서춘을 주필로 영입하였다. 12월에는 태평로에 새 사옥을 마련하여 이전하였다. 방응모가 『조선일보』를 인수한 이후 이전의 신석우-안재홍 체제 하의 『조선일보』와는 크게 달라졌다. 운영은 비교적 안정 체제로 들어갔으나, 반일적 논조는 크게 약화되었다.

　1933년 4월 방응모는 문일평을 편집고문으로 초빙하였다. 문일평은 『조선일보』에 재입사하면서 과거 도쿄 시절에 어울렸던 홍명희, 이광수와 재회하였다. 이들 세 사람은 각각 일본 유학을 마치고 귀국하면서 헤어졌다가 중국 상하이에서 독립운동을 하면서 다시 해후하였다. 20여 년 후 1933년 방응모가 조선일보사를 인수하면서 이광수는 부사장으로, 문일평은 편집고문으로 영입되었다. 1933년 8월까지『동아일보』편집국장으로 있던 이광수는 8월 28일『조선일보』부사장으로 자리를 옮겼다. 1934년 5월에 부사장을 사임하였으나, 1950년까지『조선일보』이사직을 유지하였다. 홍명희는 1928년부터『조선일보』에 소설「임꺽정」을 연재하고 있었다.

문일평은『조선일보』에 1주일에 몇 차례 사론과 사화, 그리고 수필 등을 실었다. 전문적인 학술논문이 아니라 민중을 상대로 다양한 소재를 우리 역사와 연결시켜 소개한 계몽적인 것이었다. 1937년 1월부터는『조선일보』부록으로 일요일마다 간행되던『소년조선일보』에「역사歷史 이야기」라는 연재를 맡았다. 사망 직전까지 만 2년을 집필하였다. 사후에『소년역사독본少年歷史讀本』이라는 제목으로 조선일보사 출판부에서 1940년 2월에 간행되었다.

문일평은 우리 문화, 특히 우리 역사와 관련한 인물과 풍속 등 문화 전반에 걸쳐서 해박한 지식이 있었다. 역대 문인과 그 작품을 많이 아는 문일평은 세시歲時의 풍속을 쓰는 데도 단순히 습속만 소개하지 않았다. 그에 관련된 시문詩文을 간간이 끼워 넣어서 광범위한 독자를 얻었다.

사장 방응모는 동향의 선각자로서 또 우리나라의 애국자로서 문일평을 극진히 대우했다. 글을 쓰건 안 쓰건 꼬박꼬박 정액의 봉급을 지급했는데 문일평의 이름이『조선일보』사원록에 있는 것만으로도 독자들에게 주는 선전 효과가 대단했으며 그가 발표하는 글도 훌륭했기 때문이다.

느린 글쓰기와 완고한 성품

문일평은 글 쓰는 것이 느린 것으로 유명하였다. 원고 마감 시간을 엄수해야 하는 신문사 직원으로서는 어울리지 않는 습관이었다. 문일평과 가까운 사이였던 이병도는 1939년 6월호 『조광朝光』에서 이렇게 적었다.

> 문일평의 더딘 글쓰기가 비록 세인으로부터 둔필鈍筆 둔작鈍作의 평을 듣기도 하였지만, 그것은 호암의 단처가 아니라 도리어 장처라고 생각한다.

그렇지만 원고 마감에 촌각을 다투는 신문사 사람들은 문일평의 더딘 글쓰기를 아주 답답하게 여겼다. 조선일보사 후배였던 유광렬柳光烈은 당시를 다음과 같이 평하였다.

> 선생은 신문사에서 사설을 쓰는 데는 그리 맞지 않는 듯하였다. 첫째 신문은 짧은 시간에 쓰고 배기는 것이므로 글을 속히 쓰는 것이 한 조건같이 되었는데 선생의 글 쓰는 속도는 더디다. 시간이 물리면 문선공(신문사에서 원고대로 활자를 골라 뽑아 인쇄하는 사람)이 선생의 방에 들어와 앉아서 한 장씩 날라다가 채자採字를 하는 편이었다. 이렇게 고심하여 쓴 글이므로 써놓은 글은 금옥같은 명문이었으나 이 때문에 신문이 제시간을 못 대면 안 되는 것이다.

문일평의 『일기』에, 정해진 시간에 사설 쓰기를 힘겨워하던 그의 생활이 그대로 전해진다.

출근하지 못하고 집에서 사설 「허례와 실생활」을 써서 주필에게 보냈다. 오늘 사설은 마감 시간에 조금 늦었다. 회사에서 사람을 보내 독촉하고 나도 걱정했는데 저녁 때 내 사설이 실린 것을 보고 비로소 걱정을 덜었다.
- 1934년 8월 19일자 『일기』

아침 일찍 일어나 원고를 수정하느라 시간이 매우 급해서 아침을 먹지 못하고 갔다.
- 1934년 9월 14일자 『일기』

출근해서 대미관계사 「복명復命과 군신의 대화」를 썼다. 아침부터 저녁까지 숙직실 한 구석에 누워 있었다. 전화를 걸어 내일 사설은 사양했다.
- 1934년 9월 15일자 『일기』

확실히 문일평은 '신문사 체질'이 아니었다. 그러나 2차례에 걸쳐 재직했던 『조선일보』에서만 만 8년에 걸쳐 70종이 넘는 제목으로 1,000편에 이르는 글을 발표하였다. 1년에 125편 정도, 매 해 발행되던 신문의 3분의 1 이상에 문일평의 글이 실린 셈이다. 그 가운데에는 「대미관계오십년사對米關係五十年史」, 「사외이문史外異聞」 등이 100회 이상, 「화하만필花下漫筆」, 「사상史上에 나타난 예술가藝術家의 군상群像」 등이 50회 가깝게 연재된 글들이었다. 글쓰기가 느린 문일평이 얼마나 고생을 하였을까 짐작할 수 있고, 그의 성실함이 뒷받침되지 않았다면 이룰 수 없었을 것이다.

문일평은 지나칠 정도로 겸손한 사람이었다. 군君이니, 자네니, 이런 대명사를 의당 써야 할 자식의 친구에게도 깍듯이 김선생, 박선생 하며 연장자처럼 대우하였다. 그래서 자식들이 듣기에도 민망한 때가 많았다.

원고를 쓰다가 어려운 글자는 신문사의 사동에게라도 묻는 걸 서슴지

문일평의 친필 원고

않았다. 박학다식한 그가 몰라서 그런 것이 아니었다. 독자의 입장에서 그런 어려운 글자를 알아 볼 수 있는지 궁금해서 신문사 후배인 우승교도 그런 질문을 자주 받았다. 그럴 때마다 둘 사이에는 미소 띤 얼굴로 다음과 같은 말들이 오고 갔다.

"아따 형님이 잘 아시면서 괜히 그러시지."

"아냐, 글은 내 글이지만 읽는 사람은 자네거든. 적은이('아우'의 평안도 사투리)도 독자인 이상 좋다 나쁘다 할 수 있지 않은가."

문일평은 누구에게나 친절하고 겸손해서 도리어 오해를 받을 만큼 '저두적低頭的'이었다. 주변 사람들은 이것이 오히려 문일평의 결점이라

고 생각했다. 신문사에 있을 땐 새파란 신입사원에게도 경어를 쓰면서 대했다. '과공비례過恭非禮'란 말이 있듯이 문일평은 좀 지나쳤지만 천성이 온화하고 본질이 착한 사람이라 오장육부에서 솟아오르는 '친절'을 어쩌지 못했다.

그렇지만 제국주의 일본에 대해서는 극도의 반감을 숨기지 않았다. 우승규는 다음과 같이 그를 기억했다.

"호암 선배는 원래 단아한 선비였다. 일상 부드러운 웃음빛을 띠우고 사람을 대했다. 늙은이나 젊은이나 보면 공손한 태도가 한결 같았다. 봄바람이 나부끼는 듯 온후한 한국적인 신사였다. 그러다가도 일본이나 일본 민족의 얘기가 나오면 펄펄 뛰면서 어쩔 줄 몰랐다. '양'이 '호랑이'로 돌변하는 격이었다 할까."

문일평이 하루는 조선일보사 후배인 유광렬과 함께 회현동으로 걸어가고 있었다. 목적지는 '욱정旭町 몇 번지'였다. 마침 일본인이 지나갔다. 당시 서울에는 60만 인구 중 절반 이상이 일본인이라고 과장될 정도로 일본인이 많던 때였다. 문일평이 일본인에게 우리말로 물었다.

"욱정 몇 번지를 어디로 가느뇨."

일본인은 당황해 하며 되물었다.

"무엇이오? 나는 조선말을 모르는데요."

그러나 문일평은 계속하여 우리말로 물었다. 곁에 있던 유광렬이 딱하여 일본말로 묻자 일본인은 그제야 알았다는 듯 싹싹하게 대답하였다.

"네 이리이리 가면 그 집입니다."

문일평은 와세다대학까지 다니었으므로 일어에 능숙하였다. 유광렬이 문일평에게 물었다.

"일본옷 입은 그에게 일본말로 물었다면 곧 알고 갔을 터인데 ……."

문일평은 정색을 하면서 말했다.

"그것이 무슨 말씀이오? 우리가 일본인에게 우리말을 써서 일인들이 우리말을 배우게 해야지, 우리가 그들을 따라 일본말을 써서 되나요."

또한 신문사에 근무할 때 문일평은 춘하추동 한복만 입었다. 일상생활에서 모든 것을 국산품으로 사용했지만 특히 한복만 입었다는 점에선 조만식의 경우와 같았다. 그만큼 '백의혼'이 문일평의 머릿속에 새겨져 있었다. 그래서 언뜻 보기엔 촌부자村夫子(촌에서 고지식하게 사는 시골 선비) 같은 짙은 인상을 풍겼다. 그가 국사가國史家요 또 언론인으로서 국민의 존경을 받는 애국지사라는 것을 알았을 때 사람들이 깜짝 놀랄 만큼 문일평은 검소한 차림이었다.

문일평은 조선일보사에 재입사 하기 직전에 처절한 가난의 고통을 맛보았다. 문일평은 1932년 8월까지 중앙고등보통학교 교사로 재임하다가 조선일보사 편집고문으로 취임하는 1933년 4월까지 무직상태로 있었다. 경제적으로 굉장히 궁핍한 때였다. 1932년 12월『신동아新東亞』 잡지에서 문일평과 인터뷰를 하였을 때, 경제적인 어려움을 겪던 문일평은 다음과 같이 말하였다.

되는대로 살아가는 나에게 무슨 결심이 있을까? 따라서 성공이니 실패니 하는 것은 애초부터 문제가 되지 않습니다. 물질의 기초가 없이 생활의 안정이 되지 못하고서는 마음이 헷갈려 독서 같은 것도 할 수 없습니다.

그럼으로 금년에 와서는 돈벌이로 탐광探鑛(광산업)을 해볼까 또는 서사書肆(서점)를 내볼까 하고 바재면서 그 또한 돈이 돌아 닿지 아니하여 어느 거나 아직 착수는 하지 못하였으니 이렇고 보면 한 번 웃을 일이나 이것이 참말입니다.

문일평은 평북 의주에서 상당한 토호土豪의 집안에서 태어났기에 어려서부터 고생을 모르고 자랐다. 아버지가 세상을 떠난 뒤엔 몇백 석이나 되는 재산을 가난한 일가, 못사는 동지, 그리고 독립운동을 위해서 모두 써버렸다. 고향에서는 애국 청년이며 자선가로 이름이 널리 알려져 있었다. 그렇게 돈을 아끼지 않고 썼기 때문에 상하이에서 돌아온 지 몇 해 안 가서 재산이 모두 탕진되었다. 서울에서 교편생활을 할 때나 언론계에 투신한 뒤에는 형편이 말이 아니었다. 하지만 사직동社稷洞의 허술한 몇 간짜리 초가집에서도 안빈낙도安貧樂道의 생활을 즐겼다.

그러나 문일평은 가난의 절정을 맛보던 1933년 1월에 잡지 『신동아』의 앙케이트에서 오히려 '벗에게 대하여 당면해서 경애敬愛를 표함보다 환난患難에 상구相求하라'라는 처세훈을 공개하였다.

아울러 아래와 같은 자책도 덧붙였다.

이것은 비인鄙人(자신을 낮추어 부르는 말)이 금일까지 얼마큼 마음에 삭여 두고 실행하려 하지마는 그대로 되어지지 않습니다.

당시 문일평의 형편을 고려할 때 자신이 남을 돕지 못한다고 탓할 상황은 아니었다. 그것은 차라리 분수를 모르는 행동으로 비치기에 충분했다. 그러나 문일평은 그가 밝힌 처세훈처럼 남을 돕는 데에는 자신의 형편은 전혀 고려하지 않았다.

문일평의 딸 문소영은 "부친이 자식을 무척 사랑하셨으나, 자식을 사랑하는 이상으로 남을 동정하시고 사랑하셨다"고 하였다. 한 일화를 소개하면 문일평은 누가 와서 급하니 돈을 좀 달라면 뻔히 가진 것이 없으면서도 거절을 못하였다. 현금이 없으면 시계를 내어주고 구두를 벗어주었다. 줄 것이 적당치 않으면 자식들의 물건을 가져오라 명령하였다.

문일평의 셋째 딸 문소영

"동욱아, 이리 오너라."

동욱은 문일평의 막내 아들이었다.

"그래, 네 시계 떼서 이리 내어라."

동욱의 눈이 똥그래졌다.

"왜 그러십니까?"

"잔말 말고 어서 이리 내어라."

동욱은 아버지 옆에 앉아 있는 헙수룩한 손님을 힐끔 곁눈질했다.

"얼른 이리 내라."

"왜 그러세요?"

막내둥이로 자라난 동욱은 응석 겸 반항을 했다. 벌써 눈치를 챈 것이다.

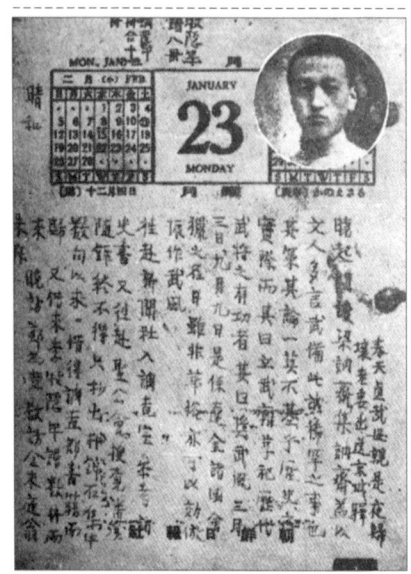

1934년 문일평이 탁상달력에 쓴 일기

"아, 저놈이 아버지가 떼오라면 떼오지 않고!"

할 수 없다는 듯이 동욱은 시계를 가져다 아버지에게 바쳤다. 시계는 전당포를 거쳐 손님의 수중으로 들어갔다.

그뿐이 아니었다. 문일평은 자기가 꼭 봐야 할 책을 금방 사서 들어오다가 어려운 친구에게 잡혀 쓰라고 선뜻 내주었다. 그 뒤 책을 안 찾아와도 채근도 안 했다.

쌀을 한 말이고 두 말이고 전부 털어주라 하면 그의 아내는 한 마디 불평의 말도 없이 털어주었다. 하루는 쌀자루가 눈에 안 띄자 자신의 잠옷에 싸보낸 적도 있었다. 얼마 되지도 않는 장작을 전부 한데 묶어 큰아들 등에 지워 보낸 적도 있었다.

친한 친구라면 모르겠지만 잘 알지도 못하는 터인데도 불구하고 이런 일을 한 적이 한두 번이 아니었다. 자기 형편이 넉넉하면 친불친親不親을 가릴 것 없이 동정해야 할 것이지만 가난한 살림에도 남을 돕는 문일평의 버릇은 유복했던 유년시절의 생활습관에서 나온 것이었다. 다른 사람들에게 호의 베풀기를 좋아하는 문일평의 습성은 그의 집안 내력이기도 했다.

1934년 『일기』에 문일평은 다음과 같이 적혀 있다.

돌아가신 큰아버지 기일이다. 살아 계실 때 늘 소와 돼지를 잡아 술과 음식을 차리고 널리 이웃사람들을 초대해 잔치를 벌이셨다. 곧 얼마 후 큰아버지가 돌아가시니 큰댁은 영락하고 나 역시 서울로 흘러들어 살게 되었다. 지금 그때를 생각하니 격세지감이 있다.

가난 속에서 쓴 유머 소설

문일평은 1933년 4월 조선일보사의 편집고문으로 취임하여 세상을 떠날 때까지 그 직책을 유지하였다. 그 덕분에 경제적인 고통을 조금 덜 수 있었다. 그렇지만 사정은 별로 나아지지 않았다.

봉급일이다. 90원 중 60원이 손에 들어왔는데 고리채권자에게 거의 다 빼앗겨 집에 돌아오니 남은 것은 몇십 원에 불과했다. 앞으로 생활비 부족을 어떻게 헤쳐 나갈지 걱정이다.
― 1934년 7월 26일 『일기』

출근해서 「대미관계오십년사」를 썼다. 외상값 독촉이 매우 심하다. 처리할 방법을 모르겠다.
― 1934년 8월 30일 『일기』

> ○……문인 아닌 학계나 정치계 저명인사들이 발표했던 소설작품들이 수년래 간헐적으로 발굴되어 눈길을 모았는데 최근 D월간지에서는 이제까지 몰랐던 張勉(전국무총리·작고) 文一平(史學·작고) 孫晉泰(史學) 李熙昇(국어학) 씨등이 30년대에 발표했던 단편소설들을 발굴, 9월호에 수록하여 관심을 끌고있다.
> ○……張勉씨의 작품「누이(姉)」는 1935년『가톨릭靑年』24·25호(5~6월)에 발표된 단편으로 부모를잃은 한가족을 위해 돈을 벌어 동생을 교육시키는 누이의 구도자적인 모습을 묘사한작품이며 湖岩文一平의 작품「오후4시」는 湖岩全集에도 수록안된것으로 한 신여성이 도둑을 만나 기지로 이를 피신하는 유머 소설로 1932년『別乾坤』7월호에 발표된작품.
>
> 張勉·孫晉泰·文一平씨등 30年代 발표小說을 발굴

문일평 미공개 유머 소설 발굴 기사(『경향신문』 1976년 7월 30일)

출근했다. 빚을 얻는 일로 보증인을 구하려고 김장환을 방문했으나 만나지 못했다. 또 이원곤도 만나지 못했다. 연희전문 위당 정인보에게 전화했으나 또 만나지 못하고 상원식당에 가서 술과 음식을 먹은 뒤 회사에 돌아왔다.

― 1934년 10월 19일 『일기』

문일평이 번듯한 직장과 직책을 갖고도 생활고에 시달린 것은 남들에게 술 사주기를 좋아하고, 다른 사람의 어려움을 그냥 지나치지 못하는 그의 성품 때문이었다.

문일평은 거의 매일같이 술을 마셨다. 그래서 월급을 받아도 술집이나 식당에 진 외상빚을 갚느라 월급 중에서 많은 액수의 돈이 한꺼번에 빠져나갔다.

출근했다. 월급날이다. 근래 나의 음식값 낭비로 인해 우춘(관)·대련(관)·원흥(루)에서 먹은 음식값이 거의 30원이고, 상원(식당)은 2개월간 38원이다. 모직 내의 상하 두 벌은 6원 40전이다. 오늘 저녁에 또 조시언씨와 함께 원흥·상원·매옥 등 음식점에서 술을 마시고 형편없이 취해 돌아왔다. 이미 밤 2시였다

— 1934년 12월 26일 『일기』

가난이 그를 괴롭혔지만, 문일평은 어려운 생활 속에서도, 남들이 보면 천진난만하다는 소릴 들을 정도로 특유의 낙천적인 성격을 잃지 않았다. 그는 오히려 1932년 『별건곤別乾坤』 7월호에 「오후 4시」라는 유머 소설을 발표하였다. 이 소설은 한 신여성이 도둑을 만나 기지로 이를 피신하는 유머 소설이었다.

13 실리·실용주의의 주창자

과학적 태도와 문화보존의식을 강조하다

문일평은 한국인들이 역사의 진보에 도달하려면 무엇보다도 과학적인 생활태도를 가져야 한다고 생각하였다. 1929년 1월 잡지 『신생』에 게재되었던 「청년지도에 대한 제가諸家의 의견(1)」에서 그는 '과학적 두뇌와 문화혼을 찾자'는 제목의 칼럼을 다음과 같이 발표하였다.

나는 우리 청년들에게 무엇보다도 먼저 과학적 두뇌를 가지자 하고 권고하고 싶습니다. 과거에 있어서나 또는 현재에 있어서나 조선인은 일에 너무 기분으로만 처단하였습니다. 그런 까닭에 일을 시작하는 생각은 좋으나 성과 하는 데 이르러서는 예상하던 수확을 얻지 못하였습니다. 조선인의 생활과 사업이 부진하는 원인은 이 점에 있지 않은가 하고 생각됩니다. 그렇다고 일률로 간주할 수 없으나 대개가 이 결함에 병인을 둔 것은 엄폐할 수 없는 사실입니다. 더욱이 금일의 문명이 과학 만능의 조류를 지어 흐르며 있거든 어찌 과학적 두뇌를 가지지 않고 생존의 번영과 생활의 안정을 얻을 수 있겠습니까.

그런데 문일평은 한국인에게 필요한 것이 과학적 생활태도임을 강조하는 한편 우리 문화에 대한 재인식과 문화의 보존이라는 문제를 대단히 중요하게 생각하였다. 자아정체성을 부정당한 식민지적 상황에서 과학적 생활태도보다 앞서 중요시했던 것은 무엇보다도 자기의 근본을 먼저 알고, 또 그 전통을 지키는 것이라고 했다.

문명에 퇴락된 처지를 당하고 있는 우리인지라 외래의 사조나 문명에 동경 아니 할 수 없는 것도 사실입니다. 그렇다고 자기의 것을 버리고 남의 것만 취하는 일도 결국 가서는 자아 몰락을 초치하는 데 끝막는 것입니다. 그럼으로 나는 외지의 훌륭한 문물을 수입하는 것도 좋은 일이라고 생각하나 자국의 고유한 문화혼을 파악하는 일도 등한시할 수 없다고 생각합니다.

1934년 5월 4일에 쓴 『조선일보』 사설 「고적古蹟 보존保存의 요체要諦」에서도 문일평은 과학보다도 더 중요한 것은 조선 고유의 정신문화가 배인 고적들이라고 강조하였다.

1. 보물과 고적은 그대로가 산 역사이다. 그의 보존을 꾀하는 것은 곧 역사를 존중하는 소이로서 문화사 일대 긍식矜式이 될 것이다.

2. 다만 고적을 보존함에 있어서 한각閑却하지 못할 것은 신화 전설에 관한 일 방면인가 하노니 오늘날 과학은 함부로 그 맹장盲杖을 더하야 신화·전설을 부인하나 그것이 진실로 일 민족이나 일 사회의 신앙 및 정신에 깊은 관계를 가졌을진대 결코 경시할 수 없는 것이다.

3. 이런 견지에서 조선인이 이 반도에서 오랜 역사적 생활을 하는 동안에 일반 민중이 신앙하는 신화의 영장靈場이라든지 또는 선철先哲의 성적聖蹟이라든지 그 타 민속과 신앙에 교섭이 있는 고적에 대해서는 좀 더 보호를 가하는 것이 가하거늘 오늘날까지 이런 방면에 있어서는 다소 한각한 관觀이 없는 것이 아니니 금후 이 점에 특히 주의함이 있어야 하겠다. 기왕에도 누차 말한 바이어니와 이를테면 강동 대박산에 있는 단군릉과 구월산에 있는 삼성사三聖祠와 강서 동명왕의 진주묘와 기타 경주 신라 시조의 탄생지로 전하는 나정 같은 데는 조선인의 신앙상 성지로서 적어도 저 무이해無理解한 일반 신인의 천답踐踏에서 어떤 형식으로든지 보호를 가하여야 할 것이다.

4. 고적 보존은 유형한 고물과 고적뿐이 아니라 무형한 민속과 신앙에 관한 정신 방면까지 포괄되어야 할 것인바 당국의 발표에 의하면 평양의 기자정箕子井도 이미 그 보존의 범위 안에 편입하였은즉 일보를 내켜 단군릉과 동명릉 같은 것도 보호를 꾀하는 것이 좋을 줄로 믿는다. 천박한 현대 과학이 신화·전설을 우습게 여기지만 사회민중의 오랜 연원을 지니고 내려오는 신앙과 민속은 무시할 수 없는 바이니 아무쪼록 순수한 문화애를 미루어 자래自來 조선인의 전통적 신앙과 관계를 가진 고적에 대하여서는 보호를 꾀하는 것이 고적 보존의 정

신에도 부합될 것이며 역사적 문화를 존중하는 본의에도 적합될 것
인가 한다.

문일평은 비록 신화와 전설이라 할지라도 그것이 민족 전통의 기원과 관련된 것이라면, 과학이라는 이름으로 함부로 무시되어는 안 된다고 하였다. 그리고 한국인의 원류와 관련된 민속과 신앙의 유적지는 특별히 주의를 기울여 보존해야 함을 주장하였다. 마지막으로는 고적 보존의 중요성을 다시금 강조하였다.

일제 치하의 한국 청년들에게 과학적 생활태도를 강조한 문일평이 신화와 전설도 보존해야 한다고 말한 것은 일견 모순적으로 비쳐질 수 있다. 그러나 이는 식민지 치하에서 멸절 위기에 처한 우리 민족문화에 대해 각성을 촉구한 것이다. 과학적 생활태도와 우리 민족문화에 대한 각성은 문일평이 꿈꾼 수준높은 문화민족의 이상적 모습이었다.

유·불의 구문화에서 과학적 신문화로

문일평은 1933년 4월 26일부터 5월 16일까지 『조선일보』에 「사안史眼으로 본 조선朝鮮」을 연재하였다. 이 글은 조선 문화의 우수성에 대한 무한한 자부심에서 출발한다.

조선사에 큰 영향을 끼친 불교와 유교 문화가 비록 자아의 독창이 아니라 남의 것의 모방이라 하지만 오히려 일보를 더하여 유불의 문화를 전

적으로 완성한 것은 조선이다. 그뿐 아니라 유불의 문화를 일본에 전수한 것도 조선이다. 이것만으로도 조선이 넉넉히 동방사상東方史上에 있어서 문화적으로 중요한 역할을 하였다.

그러나 오늘날 대세는 일변하여 고구려의 구강舊疆인 만주는 말썽이 되어 있고, 신라의 후계인 조선은 볼 게 없게 되어 있고, 홀로 백제의 문화를 받은 일본만이 근대의 구미문화를 가미하여 가지고 크게 강성하여져서, 조선과 만주에 대하여 엄청나게 대규모로 문화의 역수입을 행하게끔 조선과 일본 내지 사이에 문화상 지위가 아주 전도되고 말았다.

문일평은 조선이 현재 신문화와 구문화의 격변기라는 시험대에 놓여 있으며 어떻게 대처하는가가 중요한 관건이라고 파악하였다. 여기에서 과학에 대한 각성이 조선의 운명을 결정할 것이라고 강조하였다.

조선은 시방 신문화新文化의 시련기에 있다. 일찍 유불儒佛의 구문화舊文化에 양호한 성적을 나타낸 것과 같이 금후 과학적 신문화에 역시 양호한 성적을 나타낼 것인가. 그 성적의 양부良否는 바로 조선 그것의 운명이 결정되는 바이다.

구문화에서 양호한 성적을 거두었던 조선이 신문화에서도 양호한 성적을 내기 위해서는 혁신적 조처가 수반되어야만 한다. 신문화의 주체가 유불이 아닌 과학적 사유라고 한다면 그것은 패러다임의 전환을 요구하는 것이었다.

조선은 왕실의 교대는 있었으나, 정작 필요한 계급의 교대는 없었다.

이것은 우리의 역사가 패러다임의 전환을 수용할 만큼 사회적으로 질적인 변화가 필요함을 지적한 것이다. 문일평이 지향한 사회는 왕조사회가 아니라 민중이 주체가 되는 '민중문명'의 시대였다. 그래서 문일평이 보기에 중요한 것은 우리 역사에서 어떤 문명 혹은 문화가 민중들을 위해서 이바지하였던가 하는 문제였다. 그래서 '이조李朝'가 비록 일제에게 나라를 빼앗겼지만, 그래도 봐줄 만한 것은 바로 민중을 위한 학문, 즉 이용후생利用厚生의 문명이 존재했다는 점에 주목하였다.

비록 이조는 예술에 있어서 그 신기가 신라에 미치지 못하고, 불교에 있어 그 위적偉績이 고려에 미치지 못하나 이용후생의 견실한 문명에 이르러는 이조의 독보로서 나려羅麗의 추수追隨(추적)를 허하지 않는다.

문일평은 민중의 삶을 윤택하게 하는 이용후생 문명의 존재만으로도 조선시대는 망국의 과오를 조금이나마 상쇄할 수 있는 시대라는 점을 부각시키고자 하였다.

실리외교에 초점을 맞춘 「대미관계오십년사」

1933년 10월 13일부터 1935년 7월 2일까지 『조선일보』에 연재한 「사외이문史外異聞」에서 문일평은 사대주의에 대해서 이전까지와는 다른 색

다른 시각을 전개하였다.

사대주의라면 누구든지 눈썹을 찌프린다. 이만큼 오늘날 폐해가 생겼으나 옛날에 약자의 자존을 꾀하는 국제적 유일의 원칙이 사대주의였다. …… 역사로 볼 때 사대주의는 조선인의 보호색이라 할 수 있다. 신라는 이로해서 반벽半璧의 일통一統이나마 이루었고, 고려는 이로해서 몽고 천지에 변태의 주권이나마 가졌었고, 이조는 이로해서 명청의 밑에 5백년 종사를 지지한 것이 아닌가. 이로 보면 사대주의는 과거에 있어 조선인에게 이익을 주었을지언정 폐해를 끼친 일은 적었다.

1920년대 말까지도 사대주의를 비판하던 태도가 실리론으로 재해석되고 있다. 그 이유는 무엇이었을까? 문일평이 대외관계사인식 속에서 강조하고 있는 국제안이란 곧 일차적으로 국가의 존속 유지를 최대의 목적으로 한 탄력적인 외교자세를 뜻한다고 말할 수 있다. 수·당과 대치하던 고구려의 웅위한 패도나 만주로 진전하는 고려의 적극적 정략을 꿈꿀 수 없는 것이 조선의 실상이었다면, 현실적인 국제안에 기반한 전략적 외교관계를 통해서 국가의 주권을 유지했어야 한다는 아쉬움을 드러낸 것이었다.

그 방법으로는 도덕적이고 관념적인 또는 명분과 의리에 바탕을 둔 외형적인 외교를 배제해야만 했다. 현실적이고 내실을 기할 수 있는 외교 곧 국가 이익을 우선으로 하는 외교술이 더 평가를 받아야 한다는 시각이었다.

문일평이 사대주의를 국가의 실리적 외교 노선의 일환으로 파악하고 있는 것은 이런 배경에서 나온 것이다. 그가 병자호란 당시 최명길의 주화론에 대하여 「한양조漢陽朝의 정치가군상政治家群像」(『조선일보』1937. 5. 25~6. 20)에서 높이 평가하고 있는 것도 이러한 맥락에서 이해할 수 있다.

국가의 일은 개인의 일과는 같지 아니하여 이해를 떠나서 논할 수가 없으니 이해 있는 곳에 의리가 따라가는 법이다.

반면 송시열에 대해서는 "배만존명排滿尊明의 열熱을 턱없이 높여 노예근성을 깊이 부식했다"라며 비판적 태도를 숨기지 않았다.

문일평은 실리적 외교정책과 노예적 사대성을 엄격히 구분하고 있었다. 문일평의 대표적 저술인 「대미관계오십년사對米關係五十年史」는 그의 그러한 인식의 구체적이고 실증적인 연구의 결과물이었다. 그는 1934년 7월 15일부터 12월 18일까지 『조선일보』에 「대미관계오십년사」를 연재하였다.

「대미관계오십년사」는 만주를 중요시했던 1930년대의 사가인 정인보·안재홍 등과 문일평을 구분해 주는 구분점이 된다. 동시대의 다른 민족사가들이 주로 고대사를 다루고 있는 데 반해 문일평은 냉혹한 현실 속에서 우리의 처지를 정확히 인식하고 한국인의 안목을 국제적으로 넓히는 데 관심을 두었다. 그의 대외관계 인식은 단순한 교섭사가 아니라 세계 속의 한국에 대한 인식을 말하는 것이다.

대외관계를 민중의 실리와 연결시킨 문일평은 「대미관계오십년사」

에서 대원군의 쇄국정치를 비판하였다.

당시 조선의 지배계급이 그 존상하는 유교문화를 어디까지나 보호하려는 그릇된 생각에서 나온 것이다.

문일평은 「소하만필銷夏漫筆」(1936)에서도 같은 입장을 보였다.

상류지배층이 대외 색맹이 되었을 뿐더러 신문명을 받아들일 만한 상공층이 없기 때문에 아무리 외국과 통상의 조약을 텃으되 그것이 일편一片 공문空文으로 마치고 말았다.

이러한 그의 정치외교사 인식은 곧 당대의 민족적 시련인 일제 식민통치의 근본적 원인을 구체화시켜 민중에게 전달하고자 했다는 데에 역사적 의미가 있다.

조선인의 허례를 비판

문일평은 실용성, 실리성을 민중문명의 중요한 가치로 생각하였다. 그의 이러한 지향은 1934년 8월 20일자 『조선일보』 사설에서도 드러난다. 이 글에서 문일평은 한국인의 비실용적, 비실제적 생활태도를 날카롭게 비판하였다. 문일평에 의하면, '이조'는 예설과 예송이라는 허례에 얽매인 기현상을 노정한 시대였다.

1. 조선인이 과거에 유교문화를 숭상함에 있어 그 정신보다도 형식에 구니拘泥되었다는 사실은 예설禮說을 채용한 데 의하여 가장 잘 증명되는 바다. 『주자가례』는 조선 사부士夫의 생활규범으로 거의 성명시性命視하였나니 멀리 여말 포은 선생이 비로소 이 가례를 본받은 이래 유교의 유행에 따라 예설도 보급 및 심화를 보게 되어 5백 년 간의 조선문화는 허례로써 장식하는 기현상을 정呈하게 되었다. 이것이 이조문화의 두드러진 특징의 하나인 바 적으면 가정으로부터 크면 궁정에 이르기까지 예론과 예송이 끊길 때가 드물었으니 만일 지금 이 예에 관한 부분을 말살한다면 이조문화사의 중요한 사실이 태반이나 감소될 것이다.

2. 가례는 그 본토인 중국에서도 행하지 못하거늘 조선에서는 이것을 그대로 실생활에 체현하려고 하였음은 문화 채택의 방법을 그르쳤다 함보다도 실제 생활의 요체를 모르는 때문으로 그리한 것이니 그 영향이 미치는 바에 간접으로 타일 빈약을 유치하는 일인一因을 지었음을 말할 것도 없거니와 조선인과 중국인의 생활상 차이점도 여기 있다 할 것이다. 유래由來 한민족漢民族도 형식과 예의를 편중함으로 유명하지마는 조선인에게 비할 때는 어디까지든지 실제적이었다. 그네는 『논어』를 역독逆讀한다는 것이 아닌가. 이해에 명민하고 근로적인 점은 도저히 우리네의 추수追隨를 허하지 않는 바이요, 이것은 누구나 다 잘 아는 사실이다.

3. 조선인이 중국인의 문화를 수입할 때 그 이론을 배우기에 노력하고 실제를 배우기에 노력하지 아니하였을 뿐이 아니라 도리어 한각閑却

한 관觀이 있었음은 무슨 까닭인가.

4. 그리고 관혼상제에 있어서 아무 개량이 없이 원시적 유교의 번문욕례繁文縟禮(번잡스런 겉치레 예절)를 그대로 사용하야 오늘날까지도 상류사회의 고가古家에서는 일 년에 제사를 몇십 번이나 지내는지 모른다. 이로 해서 경제상 손실이 얼마나 다대한가. …… 너무나 허례에 흘러나는 의식은 도리어 제사의 본의에 어긴다 함이니 이것은 유교 예설의 평정이 가져온 유폐의 일단이어니와 실생활에 공소한 조선인은 과거에 있어서만 이 같은 실수가 있는 것이 아니다.

문일평이 보기에 유교를 창시한 중국인들도 형식과 예의를 중시하지마는 실제적인 현실 감각을 잃지 않았다. 그러나 조선인은 학문의 이상과 현실의 실제를 구분치 못하는 환상 속에서 헤어나오지 못했다. 그리고 조선인은 중국 문화를 수입할 때 무엇이 실생활에 중요한 것인지를 인식하지 못한다고 보았다. 또한 조선인은 관혼상제의 허례를 개선하지 못하여 막대한 사회경제적 손실을 초래하였을 뿐만 아니라, 제사의례의 본뜻을 상실하였다고 비판하였다.

조선문기사정리기성회·경보유지회 활동

문일평은 1934년 6월 22일 조선문기사정리기성회 위원에 피선되었다. 이 단체는 주시경周時經 학파가 모여 있던 조선어학회가 1933년 10월에 발표한 「한글마춤법(맞춤법)통일안」의 잘못을 지적하고 그에 대한 반대운동을 조직화한 것이다. 이 단체는 종래의 구식 철자법으로 통일할 것을 주장하였다.

조선총독부는 1930년 2월 「언문철자법」을 제정하면서 제일 첫 번째 조치로 된소리는 'ㅅㄱ·ㅅㄷ·ㅅㅂ·ㅅㅈ' 등을 버리고 'ㄲ·ㄸ·ㅃ·ㅆ·ㅉ'과 같은 각자병서를 쓰도록 강제함으로써, 세종대왕의 훈민정음 체계를 완전히 뒤흔들었다. 그런데 1933년 10월 한글학회의 전신이자, 주시경 학파로 구성된 조선어학회에서 조선총독부의 언문철자법과 거의 대동소이한 「한글마춤법통일안」을 제정·공표하였다. 그러자 1934년 7월 조선문기사정리기성회에서 한글식 신新철자법 반대성명서를 발표한 것이다.

우리의 어음과 맞디 아니하며 우리의 언어의 관념과 어그러뎌서 그 법칙은 도저히 조선 민중이 이를 효해曉解하고 이를 수긍하야 이를 사용할 가능성이 업는 것 …… 조선어문에 대한 교란의 행동이다.

이 성명서는 문일평을 포함하여, 보성전문학교 교장을 지낸 박승빈, 연희전문학교 교장을 지낸 윤치호, 독립선언문의 기초자인 최남선, 국문연구소 위원이었던 지석영, 역사학계의 이병도, 『육서심원六書尋源』의 저자 권병훈 등 112인의 연명으로 작성되었다. 『육서심원』은 권병훈이 30여 년 집필 끝에 1940년에 완성한 자전이다. 총 30권 9,500여 쪽 분량으로, 모두 7만여 자의 한자를 분석하고 있다. 중국의 대표적 자전인 『설문해자』(9,353자), 『강희자전』(42,174자), 『집운』(53,525자)은 물론 일본의 『대한화사전』과 대만의 『중문대사전』의 어휘수를 능가하였다.

이보다 앞선 1934년 6월 24일자 『동아일보』 보도에 조선문기사정리기성회에서 한글 신철자법 반대 성명을 준비했다는 내용이 다음과 같이 보도되었다.

조선문기사정리기성회 조직 기사
(『동아일보』 1934년 6월 24일)

요사이 시행하는 「한글식 신철자법」은 전통적 기사법記寫法에 비하여 너무나 틀리며 난삽한 점도 많으므로 아동교육, 문맹퇴치운동, 문학건설운동 등 사회문화 발전과정에 있어 저해되는 바 적지 않다는 이유로 경성부 내 유지 40여 인은 6월 22일 오후 6시 반부터 본정 명치 제과회사明治製菓會社에 모여 한글 신철자법 반대 성명에 관한 성명을 작성하여 사회에 발포하기로 가결한 후 다음과 같은 사항을 결의하고 위원 15인을 선정한 후 10시경에 폐회하였다고 한다.

1. 본회는 조선문기사정리기성회朝鮮文記寫整理期成會라 칭함
2. 본회는 조선문기사법朝鮮文記寫法의 합리 평이화를 도圖함으로써 목적으로 함

이날 피선된 위원은 문일평을 포함하여 윤치호·윤정하·권영준·이

> 京城保育校 維持會總會
>
> 시내 청진동(淸進洞) 경성보육학교(京城保育學校)는 창설이래 十여년간 조선보육운동에 비상한 공헌이 있섯기니와 이제 일단의 발전을위하야 각게 다수인사의지지와 성원아래 동교유지회(京保維持會)의 활동을 크게 진용시키게되었다 그리하야 이동안 진용을 갖추다섯시 부터 서립동(瑞麟洞) 조선관(朝鮮館)에서 임시총회를 개최하고 여러가지 사상을 토의한후 위원으로 권동진(權東鎭)씨외 二十二인이 당선되었으며 위원장으로 문일평(文一平)씨와 상무위원으로 유억겸(兪億兼)씨가 당선되었다 이관구(李寬求)

경성보육교 상무위원 당선 기사(「동아일보」 1935년 2월 22일)

긍종·이승우·유석동·백남규·박용구·이상협·조병상·정태응·최태영·김명진·구자옥이었다.

조선문기사정리기성회는 원래 1931년 12월 5일 창립준비위원회를 발족한 뒤, 같은 해 12월 10일 창립총회를 열어 회칙을 결정하고 간사장에 이긍종, 간사에 백남규·신남철·문시혁·정규창을 선출하여 조선문기사정리위원회라는 명칭으로 정식으로 출범하였다. 이 단체는 조선어학회에서 발표한 「한글마춤법통일안」에 반대한 윤치호·박승빈 등이 주도하였다. 1934년 2월부터 1941년까지 기관지 『정음正音』을 격월로 간행(제37호까지 발행)하여 조선어학회 기관지 『한글』과 대립하였다. 1934년 6월 22일에 조선문기사정리기성회로 명칭을 변경하였고, 7월에는 「한글마춤법통일안」 반대성명서인 「한글식 신철자법 반대성명서」를 발표하여 조선어학회와 정면으로 맞섰다.

한편 문일평은 1935년 2월 20일 경성보육학교 유지회(경보유지회京保維持會) 임시총회에서 상무위원에 피선되었다. 위원장은 권동진, 상무위원에 문일평·이관구·유억겸이 선출되었다. 시내 청진동 소재의 경성보육학교는 창설 이래 10여년 간 보육운동에 종사하던 기관이었다. 이제 일단의 발전을 위하여 각계 다수 인사의 지지와 성원 아래 경성보육학교 유지회의 활동을 크게 진흥할 수 있게 된 것이다. 그리하여 그동안 준비를 진행하던 중 2월 20일 오후 5시부터 서린동 조선관朝鮮館에서 임시총회를 개최하였다. 이 자리에 참석한 인사들은 여러 가지 사안을 토의한 후 위원으로 권동진 외 22인을 선출하였다.

학회 활동과 역사 연구　14

…………………
진단학회 발기인

문일평은 한국에서 활동하던 일본인 학자들의 주도로 1930년에 창립된 청구학회靑丘學會에 가입하였다. 청구학회는 경성제대 교수와 조선사편수회 관련자 및 조선총독부 관리 등이 결성하여 식민사학을 주도한 학회였다. 문일평이 청구학회에 참여하였던 것은 그것을 단순한 학술단체로 보았거나, 얽히고 설킨 당시의 인간관계 때문이었을 것으로 짐작된다. 그러나 문일평은 1932년에 이 학회를 탈퇴하였다. 1932년 8월 발간된 『청구학총』 제9호의 「청구학회회보」에 문일평 퇴회 기록이 남아 있다. 청구학회가 일제 관변 식민사학의 중심임을 인식하고 곧바로 탈퇴하였던 것 같다.

그러나 문일평은 청구학회 탈퇴 이후에도 청구학회에서 발간하는 논문집인 『청구학총』은 정기구독하였다. 청구학회가 표방한 실증적 연구방법론과 그 결과물에 대해 지속적으로 관심을 가졌던 것이다.

『청구학총』 구독 기사
(『조선일보』 1933년 9월 16일)

진단학회 창립 기사
(『동아일보』 1934년 5월 9일)

청구학회를 탈퇴한 문일평은 1934년 5월 7일 진단학회震檀學會의 발기인으로 참여하였다. 1934년 5월 7일 오후 5시 경성 시내 플라타누 다점에서 진단학회 발기총회가 개최되었다. 이 총회는 한국과 인근 문화를 연구하는 학자들로 조직되었다. 학회 명칭인 '진단震檀'은 한국을 진단이라고 한 옛 비문 가운데서 가져온 것이라 한다. 식민지 치하에서 국학을 전공하는 학자들의 대동적 회합은 처음이었기 때문에 일반사회에서도 기대가 컸다.

진단학회의 구성은 두 부분으로 나뉘었다. 한 부분은 한국 문화 사업의 공로자를 추천하여 찬조회원을 삼고, 직접 한국과 인근 문화를 연구하는 학자들은 통상회원이 되었다. 진단학회의 사업은 안으로는 연구상 필요시 연구의 협업을 꾀하고, 밖으로 품위 있는 학술잡지를 발행하는 것이었다. 이를 통해 안팎으로 학술적 권위를 세우고자 하였다. 잡지 발행은 계간으로, 첫 호는 9월에 발행하기로 하였다. 잡지발행의 모든 비용은 한성도서주식회사에서 담당하였다.

발기인은 문일평을 포함하여, 고유섭·김두헌·김상기·김윤경·김태준·김효경·이병기·이병도·이상백·이선근·이윤재·이은상·이재욱·이희승·박문규·백낙준·손진태·송석하·신석호·우호익·조윤제·최현배·홍순혁이었다. 1년 임기의 상무위원은 이윤재·손진태·이병도·이희승·김태준·조윤제였다.

진단학회가 국학연구를 표방하면서, 여기에 다양한 부류의 학자가 참여한 것은 역사나 문학 모두가 민족정신과 국수를 발양시켜 줄 수 있을 것이라 믿었기 때문이다. 그래서 굳이 학문적 영역을 엄격히 구별할 필요도 없었다. 대부분의 학자들은 국어학과 국문학은 물론 국사학의 영역을 넘나들었다. 문일평·권덕규·안확·계봉우 등이 대표적 인물이었다. 신채호·정인보·안재홍 등도 예외는 아니었다. 심지어 유물론 사가인 백남운도 사회경제사의 해석에서 어의語義를 중시하였다. 그러나 1940년대 전반기에 일제의 제국주의 침략전쟁이 극심해지면서, 1942년 10월 조선어학회 회원들이 검거된 데 이어서 진단학회도 1943년 9월에 해산당했다.

진단학회와 관련하여 주목되는 점은 문일평이 여기서 발행하는 『진단학보』에 단 한 편의 글도 싣지 않았다는 것이다. 이것은 문일평이 청구학회에 가입했다가 곧 탈퇴한 사실과도 관련이 깊다. 문일평은 일제강점기라는 어쩔 수 없는 현실 속에서, 조선사편수회에서 근무하던 한국인들이나, 식민사학의 당사자인 일본인들과 유대를 갖기는 했지만 그들과는 한국사를 보는 시각과 역사 서술 방식을 근본적으로 달리하였다.

진단학회는 한국인에 의한 한국 문화의 연구를 지향하여 당시 언론의 지대한 관심을 끈 것이 사실이다. 그렇지만, 실증사학을 표방하면서 당시 식민지 현실을 도외시하였고, 『사학잡지』나 『청구학총』을 만든 일제 관학자들과 밀접한 관계 하에서 역사 연구를 전개하였다는 한계가 있었다. 진단학회는 실증주의 학풍으로 말미암아 민족주의사학자와 같은 사론적 성격의 역사 서술을 구사하지 못했다. 다만 식민지 통치하에서 민족사를 연구하는 것 자체를 민족적인 것으로 생각하였다.

식민지 현실에서 사론이 없는 단순한 실증주의는 사관이 전제된 역사학의 한 분류로 볼 수 없었다. 그렇기 때문에 실증사학자들은 민족주의 사학자들로부터 비판을 면치 못하였다. 유물론 사가들로부터도 긍정적으로 평가되지 못하였다. 이에 비하면 문일평은 철저한 민중사관, 문화사관을 바탕으로 하는 사론 중심의 글을 썼다. 그러다 보니 자연히 진단학회나 청구학회와는 성향이 맞질 않았다. 문일평과 가까이 지냈던 이병도는 문일평을 '삼재三才를 갖춘 뛰어난 역사가'로 추켜세웠으면서도, 그가 논문다운 논문을 쓴 적이 없었다고 평가절하하였다. 그것은 역사학 방법론을 두고

문일평의 서재

화해할 수 없었던 두 사람 간의 미묘한 입장 차이를 보여준다.

문일평이 청구학회나 진단학회에 관여한 것은 역사학의 방법론인 실증주의에 큰 관심이 있었기 때문이다. 진단학회는 실증주의를 표방한 학회였던 만큼 문일평의 진단학회 가입은 민족주의사학에 실증주의 방법론을 결합시키고자 하는 의도였다.

이 점에서 문일평은 민족주의사학자였던 정인보와 갈등을 겪기도 하였다. 정인보는 문일평에게 직접 편지를 보내, 역사의식을 상실한 채 실증주의만을 표방한 역사연구가 얼마나 현실을 왜곡하는 것인지에 대해

서 날카롭게 지적하였다. 그리고 실명을 거론하지는 않았지만 당시 신채호의 역사연구를 비판하던 이병도를 겨냥한 지적도 빼놓지 않았다. 문일평이 당시에 이병도와 가까이 지냈기 때문에, 정인보는 문일평이 실증사학에 치우치지 않을까 우려했던 것으로 짐작된다.

정인보의 문집 『담원문록薝園文錄』에 수록된 「여문호암일평서與文湖巖一平書」의 내용은 다음과 같다.

역사를 전공하는 사람이 문헌을 극진히 중시하는 것은 예로부터 이미 그러하였음을 알거니와, …… 비록 그렇기는 하지만, 진짜도 있고 가짜고 있고, 또한 만일 그 진짜라 하더라도 떠벌이거나 찌부러트리는 차이가 있어서, 꽃핌과 시듦이 변하게 마련이오. 편을 드느냐 깎아 저미느냐에 따라서 득실이 도섭을 부리게 되니 어찌 한결같이 의지할 것이겠소?
내 생각으로는 지금 우리 역사를 전공하는 자는 우리나라와 외국의 문헌을 처리함에 있어서 마땅히 자기를 억누르고 남을 따르면 안 되고, 기운을 내어 맞서기를 마치 대로 거칠게 엮은 수레를 타고 나무와 풀이 우거진 속에 들어가서는, 왼손에 지팡이를 쥐고 헤치고 오른손에 날이 선 칼로 물억새며 갈대를 쳐 없애듯이 하여야 하오. …… 이렇게 하지 않으면 속임을 당할 뿐이오.
아무개가 구차스럽게 의존함은 다른 게 아니오. 최근 일본학자가 왕왕 자기가 조선사가朝鮮史家임네 하기를 좋아하여, 내외의 옛 역사를 증명하는데 한결같이 문헌에 의존한다고 과시하오. 이는 문헌에 의존하여 부회하면 이 땅의 백성이 가장 열등함을 증명할 수 있다고 알기 때문이오.

與文湖巖一平書

頃足下謂今之治史如某人者雖未爲闊碩具謹依
於文獻而不敢越有足取者僕懷欲難而坐有他容
未言也足下無亦以僕爲然歎歟則是非之情濃
茲乃略抒遇賑足下試覽觀焉孔子曰夏禮吾能言
之杞不足徵也文獻不足故也知治史者慕重文獻
自古已然文獻之於史不特傳說歌謠器物骨骼之
比而已雖然有眞焉有僞焉使其眞也張歆之殊
而華枯變矣予奪之分而得失幻矣焉可以一於依
哉若乃治吾域古史則凡內外文獻之在於往者愈
多失喪以域中之文獻則如三國史記三國遺事之

아무개가 일찍이 이 무리에게 배워서 존경하기를 신명같이 여기며, 거칠 부居柒夫(신라『국사』편찬)·이문진李文眞(고구려『유기』재편찬, 『신집』편찬)은 존경할 만하지 않고 이즘 사람으로 신무애申無涯(신채호) 같이 특출함은 미쳤다고 우선 비웃어 대고 있소. 밤낮으로 졸졸 따라다니며 자기 선생의 자취만 밟아서, 저들이 대충만 써대어도 아무개가 상세하게 펴내고, 저들이 그 실마리를 들추면 아무개가 끝맺음을 한다오. …… 그 심보가 고약하여 때려줘도 부족할 것인데 어디 취할 만한 점이 있다고 하겠소?

민족주의사학자인 정인보가 편지를 통해 실증주의 사학자들을 비판한 것이다. 그러나 문일평은 민족주의 사관과 실증주의 방법론, 이 양자를 결합하려는 입장을 고수하였다.

역사 서술의 과학화를 주장하다

문일평이 강조한 과학적 생활태도는 역사 서술에서의 과학화와도 연결되었다. 역사 서술의 과학화는 곧 학자들 간의 상호 소통과 실증주의적 방법론에 대한 중시로 나타났다. 문일평이 1934년 5월 10일『조선일보』사설을 통해 발표한「조선문화의 과학적 연구」에서 진단학회의 창설을 적극 옹호한 것은 그러한 의도를 보여준다.

과학의 보급을 위하야 과학데이 실행위원회가 성립하게 된 오늘날에 또 조선 및 인근 문화를 연구하려는 기관으로 진단학회의 창립을 보게 되었다. 과학의 보급과 아울러 조선문화의 연구가 현하 오인의 일대 급무임은 설명을 기다릴 바 아니다. 이것이 다만 새것을 학득學得하는 동시에 옛것을 보전하자는 의미에서 하는 말이 아니라, 진실로 과학적인 조선연구는 자아 그것을 정해正解(정확히 이해)함에 있어서 불가결의 요건이 됨으로써이다.

문일평은 진단학회의 결성이, 그동안 보지 못했던 학자들의 공동 연구를 통해서 한국 문화에 대한 연구열을 촉진시킬 것으로 기대하였다.

조선에는 주위의 자극이 적고 사회의 요구가 적음으로 해서 학구學究의 태도도 진지하지 못하게 되는 터인즉 이것이 조선 금일에 있어 학자가 나지 않는 유일한 원인은 아니나 적어도 주요한 요인의 하나가 되는 것만은 사실이니 아무쪼록 먼저 동호자同好者끼리 모여 서로 토의하며 서로 마탁磨琢하야 학술 연구의 분위기부터 지어 놓을 필요가 있는 줄로 믿는 바 이 점에서 이번 진단학회의 출생을 볼 때 그것이 다수의 전공학도에게 의하야 조성되니만치 금후 우리 학계의 조선문화 연구열을 환기 또는 촉진함에 있어서 두터운 기대를 두는 바다.

문일평은 『조선일보』 1934년 10월 29일자 사설을 통해서, 사료의 수집과 발굴이 곧 역사학의 과학성을 뒷받침하는 것이라고 주장하였다.

사史는 사회의 거울이라 사를 모르고 어찌 치란성쇠治亂盛衰를 말할 수 있으랴. 그러나 사학이 아직까지 일개 과학으로 완성을 보지 못한 것은 거기에는 기다幾多의 이유가 있지마는 그 중 큰 이유의 하나는 사료를 수집하기 곤란한 데 있다. 그는 말할 것도 없이 사료가 구존具存하지 못하거나 또는 확실하지 못하면 역사란 것이 따라서 성립되지 못하는 때문이다.

문일평은 사료의 철저한 수집이 역사가들에게 큰 부담을 주는 것이 사실인 만큼, 유력한 학교나 기관들이 나서서 사료를 종합하는 체계를 갖추어야 함을 제안하였다.

사료로서의 근본문제는 먼저 산망하는 문헌을 널리 수집함에 있으니 이는 도저히 우리 개인의 능력으로 기급企及하지 못할 바요, 단체의 힘을 빌리지 않을 수 없다. 조선 내에 있는 사학의 최고학부인 보전普專이나 연전延專 같은 데서 될 수 있으면 이 사료수집에 대하야 좀 더 물자와 노력을 아끼지 말고 널리 수득搜得하야 사료특별도서관을 설립하야 사학의 일대 특색을 발휘하는 것이 어떠할까. 이것이 금후 사학의 마땅히 하여야 할 문화적 천직의 하나인가 한다.
우리가 다른 모든 과학의 자료는 수집할 기회가 언제든지 없는 것이 아니나 오직 이 사학에 있어서는 산망하는 자료를 오늘날 수집하지 못하면 이후에는 다시 수집하기 곤란할 터이니 이것이 결코 학계의 사소한 문제가 아니다. 사학을 지도하는 이 일층 더 주의함이 있기를 바라여 마지않는 바이다.

문일평은 진단학회의 기관지『진단학보』에 논문을 실은 적은 없지만, 학회의 모임에는 열심이었다. 개인적으로도 학회를 주도하던 인물들과 자주 만나 역사에 관해서 토론하는 것을 즐겼다. 진단학회 회장을 지냈던 송석하宋錫夏는 문일평을 가슴이 따뜻한 사람으로 기억하였다. 송석하는 1933년 손진태孫晉泰·정인섭鄭寅燮 등과 함께 조선민속학회를 설립한 민속학자이다.

1934년 어느 눈 내리는 겨울밤 두계 이병도, 가람 이병기, 석남石南 송석하를 위해서 문일평은 넉넉지 못한 주머니를 털어 종로 대련관大連館에서 술을 샀다. 밤 한 시가 넘어 작별한 후에도 문일평은 다시 돌아와, "석남 술이 적지 않소"라면서, 두 손으로 송석하의 한 손을 얼싸쥐고 정답게 바라보았다. 이때 문일평이 다시 돌아온 것은 송석하가 서울을 떠나 시골생활을 하던 중이어서, 그날 밤 여관 신세를 져야 하는 쓸쓸한 처지를 동정했기 때문이다.

송석하가 문일평을 마지막으로 본 것은 그가 죽기 몇 개월 전이었다. 그때에도 문일평은 친구들이 음식 값을 내지 못하도록 굳이 자기 집 근처의 중국요리 집에 데려가 술과 음식을 사주었다. 이때 문일평은 신병으로 고기와 술을 먹지 않았다. 그래서 친구들은 그에게 한 잔 술도 못 권하였는데, 그것이 그만 최후의 저녁이 되었다.

1934년 문일평의『일기』를 보면, 동아일보사의 단군 영정을 봉안하는 문제를 의논하는 자리에서 연희전문 교수 백낙준을 만나 조선사 연구를 함께 하기로 약속한 일, 윤치호·이능화·최규동·박한영·정인보 등과 청량사에 가서 권병헌 선생의『설문說文』강의를 듣던 일, 백합원百

合圍에서 열린 사학동인회史學同人會에 참여하여 지식을 쌓은 일, 최남선을 방문해 사학을 토론하고 그의 저서 『조선문화사』의 발췌 번역본을 빌려온 일, 화산식당에서 조선사 편찬을 의논해서 정한 일, 이때 이화여전 강사 김상기는 상고사 즉 단군부터 신라통일 시대까지 맡고, 이병도는 중세사 즉 고려시대를 담당하고, 문일평은 근세사 즉 조선시대를 담당하고, 이선근은 최근세사인 고종 이후를 담당하고, 손진태는 역사 이전 시대를 맡기로 한 일 등이 기록되어 있다.

이 밖에도 문일평은 구한말 외교관이었던 이기, 신간회 발기인이었던 이평주, 당대의 한학자이자 역사학자인 정인보, 역사학자 이병도, 소설가 홍명희, 독립협회 간부였고 『동아일보』에 「풍운 한말비사」를 연재했던 윤효정, 추사 김정희의 종현손 김익환, 신간회 기독교계 대표 발기인 신흥우, 국어학자 이윤재, 교육학자 이만규 등과 교유하였다. 이들뿐만 아니라, 이광수·김성수·한용운·이병기·안확·안재홍 등과도 가까이 지냈다. 문일평은 이들 외에도 구비 전승 자료 수집을 위해서 최근세사의 생존한 주인공들을 일일이 찾아다니면서 옛날이야기 듣는 것을 좋아했다.

1920~1930년대 문일평의 교유관계를 살펴보면 민족주의 좌우파를 넘나들면서 다양한 계열의 인물들과 교유하고 있었다. 문일평은 3·1운동 이후에 사회경제사학의 장점을 적극적으로 수용하였으나 한편으로는 민족주의 계열의 대표적 민족운동인 물산장려운동에 적극 참여하였다. 또한 민족주의 좌파 계열인 조선일보사에서 근무하였으며, 동시에 비타협적 민족주의자의 입장에서 신간회 운동에도 적극적으로 참여하

였다.

요컨대 문일평은 3·1운동 직후부터 사회경제사학의 장점을 적극적으로 수용한 역사학자였고, 정치적인 영역에서는 민족주의 좌파적 성향을 지녔다고 할 수 있다.

성실한 인품을 지닌 뛰어난 역사가

문일평의 인품은 한마디로 순수하고, 인정이 많고, 겸손했다. 그렇지만 자신이 옳다고 생각하는 것에 대해서는 타협을 모르는 고집이 있었다. 일제강점기에 가장 방대한 스케일과 재미있고 풍부한 어휘로 대중들의 사랑을 받았던 대하소설 『임꺽정』의 저자 홍명희는 문일평과 동갑이고 도쿄에서 처음 만난 이후 중국 상하이에서 같이 지냈으며, 서울에 와서도 교우하며 20년 동안 어울린 친구였다. 그는 문일평의 인품을 다음과 같이 평가하였다.

물정은 어두웠지만 내심은 명랑하고, 신경은 약했으나 지조는 굳었다. 사람이 영리하지도 못하고 명민하지도 못하였으나, 독실한 것은 친구들 사이에서 뛰어나서, 영리하고 명민한 친구들은 거의가 퇴보하거나 타락하는 데도, 문일평만은 일생 꾸준히 향상일로向上一路를 밟았다. 그래서 문일평의 고상한 인격은 말할 것 없고, 그 심원한 사학이며 아담한 문장은 다 독실한 데서 나온 것이다.

문일평의 무던하고도 성실한 성품을 높이 산 것이다. 이러한 그의 성품은 흩어진 사료들을 찾아 모아서 한 줄로 꿰어야 하는 역사가라는 고단한 직업에 딱 어울렸다. 실제로 문일평은 사료에 바탕을 둔 실증적인 글을 쓰기 위해서 끊임없이 노력하였다.

문일평은 한국사 연구를 위해서 직장인 신문사와 경성제대, 연희전문 같은 학교 도서관들을 오가며 자료 베끼기에 힘을 기울였다. 『승정원일기承政院日記』에서 통리기무아문이 고종 18년 신사 정월에 창설되었다는 기사를 직접 초출抄出하였는데, 그 과정에서 『조선사강좌朝鮮史講座』(식민주의사학 홍보를 위해서 조선사학회가 1923~1924년에 걸쳐 간행), 『대동기년大東紀年』(1905년 윤기진이 상하이에서 발간한 편년체 역사서), 그리고 최남선의 『조선사』가 착오가 있는 곳이 있다는 것을 발견하였다. 이런 식으로 문일평이 직접 베껴 쓴 자료는 『통문관지通文館志』·『승정원일기』·『일성록日省錄』·『동문휘고同文彙考』·『운양일기雲養日記』·『탐라기년耽羅紀年』·『환재집瓛齋集』·『통서일기統署日記』 등이 있다. 자신의 여력이 미치지 못하는 것은 며느리와 딸을 시켜서라도 베끼거나 등사하도록 하였다.

사학자 이병도는 만일 문일평의 생활이 넉넉하여 장서를 넉넉히 보유했더라면, 그의 박학함은 아무도 따를 자가 없었을 것이라고 아쉬움을 피력했다.

호암이야말로 문학問學을 좋아하여 조금이라도 미심未審한 점이 있으면 기어코 그것을 알려고 부지런히 돌아다니었다.

연치年齒가 자기보다 위거나 훨씬 아래거나 불문하고 그것을 알 만한 사람이면 일부러 찾아가 묻기를 마지아니하였다. 호암은 문자 그대로 불치하문不恥下問의 인ㅅ이었다. 세상에는 잘 알지 못하는 것도 아는 체하는 사람이 많지만, 호암에게는 일찍이 그것을 발견하지 못하였다.

장서藏書가 부족한 까닭에 참고할 일이 있으면 매양 여기저기로 차서借書에 분주하고 한번 책을 빌려 가면 여간하여 속히 돌려보내지 않기로 유명한 사람이었으나, 호암은 참고 이용에 충실하였던 것이다.

더욱 기문이사奇聞異事에 관하여는 특별한 흥미를 가져 가히 세상에 알릴 만한 것이면 곧 필기하여 수필로 발표하기를 좋아하였다.

호암과 같은 호기好奇·호학好學·호문好問의 인ㅅ으로 생활의 여유를 얻어 장서가 넉넉하였더라면 그의 박학은 누구나 당할 이가 없었을 것이다.

문일평은 이병도와 15년 동안의 교유가 있었다. 비록 두 사람의 역사관은 일치하지 않았지만, 어려운 시기에 우리 역사를 연구한다는 사실 하나로 막역지우가 되었다. 서로 만나면 반드시 역사에 관한 담론이 일어나 날이 저무는 것을 알지 못하던 사이였다. 문일평은 이병도와 함께 자주 술잔을 기울이기도 하고, 그의 집에서 종종 역사 관련 서적들을 빌려오곤 하였다.

이병도는 1939년 6월호 잡지 『조광朝光』에서 역사가로서 문일평의 능력을 다음과 같이 평가하였다.

고래로 사가는 재·학·식才學識의 세 가지 특장, 즉 삼장三長을 갖추어야 된다고 하였다.

재才는 사필史筆의 재를 말함이니 즉 사료를 주물러 잘 정리하여 간결하게 표현하는 문재文才가 있어야 된다는 것이며, 학學은 박학심문博學審問을 이름이니 사가일수록 견문이 고루하여서는 내용이 공소하고 조솔粗率하고 오류誤謬하기 쉬운 까닭이며, 식識은 식견과 변별의 힘을 가르침이니 사가는 시비선악是非善惡과 진위곡직眞僞曲直을 판단하는 명견明見이 없어서는 아니 되는 것이다.

호암의 식견에 이르러서는 가다가 놀랄 만한 것이 많이 있으니 좌담에서나 수필에서나 어디서든지 그것을 볼 수 있었다. 호암이 평소에 평론에 장長하였던 것도 그 식견의 고명한 소치어니와 그 관찰 견해에 있어 정精하고 탁월하고 날카로운 점이 많았다.

요컨대 호암은 사가의 재·학·식의 삼장을 거의 겸비하였던 것이라고 하여도 과언이 아닐 줄로 안다.

경향신문사, 서울신문사 기자와 동아일보사 편집국장을 지내면서 '나절로'라는 필명으로 활약했던 우승규는 1930년대 조선일보사에서 문일평을 따르던 후배였다. 그는 1976년 3월 『신문평론新聞評論』의 한 코너에서 문일평을 다음과 같이 회고하였다.

호암 선배가 나와 함께 『조선일보』에 있는 동안에 사설 같은 것은 쓰는 걸 못 봤다. 학예면에 재미있는 사화와 사론을 연재했다.
호암 선배의 글솜씨는 놀라웠다. 부드럽고 곱고 매끈했다. '참배'를 먹는 듯 사각사각했고, 샘물이 그칠 새 없이 졸졸 흘러가는 듯했다. 한 마디로 유려했다. 그래서 독자가 많았다. 특히 젊은 남녀들에게 인기가 좋았다. 역사가라는 측면에서 볼 때 호암 선배같이 독특한 문장력으로 간명하고 평이하게 글 쓰던 분이 그 당시 몇이나 되던가.

15 조선학운동

1930년대의 한국사학계는 신채호의 투옥(1928)과 순국(1936) 이후 국외에서의 활동은 거의 중단되었다. 이 시기의 통사로는 국내에서 최남선의 『조선역사朝鮮歷史』가 유일하며 정인보, 안재홍, 문일평 등의 활약이 두드러졌다. 또한 1934년을 전후하여 이 세 사람을 중심으로 전개된 이른바 조선학운동은 1930년대 민족사학계의 특징적 양상으로 평가할 수 있다.

'조선학'이란 용어는 1922년에 최남선이 최초로 붙인 이름이라고 알려져 있으나, 원래는 최남선이 1910년대 후반부터 사용한 것이다. 조선학은 3·1운동 이후에 조선인이 주체가 된 조선연구라는 정도의 의미였다. 최남선이 말하는 조선학은 단순히 일본인과의 학술 경쟁에서의 우위성을 확보하고 나아가 동양학을 발전시키겠다는 표현이었다. 민족모순을 타파하고 자주적이고 완전한 독립을 쟁취하겠다는 의지는 보이지 않았다. 따라서 최남선은 1928년 「역사를 통하여 본 조선인」이란 글에서 일제가 식민사관의 관점에서 조작한 '조선의 특수사정' 논리에 완전히 부화뇌동하여, 한민족의 결점을 무수히 나열하였다. 이는 그가 그해에 조선사편수회에 참여하여 본격적인 친일의 길로 들어서는 시발점이었다. 최남선이나 이광수는 모두 3·1운동 이후 일제가 전개한 문화통치의 기만적 선전에 속아 넘어간 것이다.

1930년대 초반까지 뚜렷이 정립된 개념 없이 사용되던 '조선학'은 1934년에 드디어 '학學'의 개념으로서 논쟁이 시작되었다. 다산 정약용 서거 99주기 기념강연회에서 안재홍이 정인보와 함께 '조선학운동'을 제창한 것이다. 유물론 사가들은 조선학운동이 '소부르주아적 배타주의, 반동적 보수주의, 감상적 복고주의'라 비판하였다. 그러나 안재홍 등은 오히려 진보적, 약진적, 세계적으로 되는 것이라 반박하며 이 운동을 추진해 나갔다.

1930년대의 조선학운동은 좌우의 대립을 민족이란 개념으로 통합하려 했던 신간회 정신과 내면적으로 이어져 있었다. 그래서 신간회운동의 후속적인 성격으로 간주할 수 있다. 민족의 역사발전의 정당한 과정을 학문적 입장에서 탐구함으로써 정체성론停滯性論 등 점차 노골화되기 시작한 일제의 지배이데올로기에 저항하여 민족운동의 독자성을 확보하는 데 목적이 있었다.

조선학운동은 신간회 해산 이후 합법적인 활동 공간에서 더 이상 정치활동이 불가능하다는 국내정세인식에서 비롯하였다. 조선학운동은 일제의 식민지배질서를 부정하는 '저항적 성격'도 있었다. 그 저항의 근거를 세계사의 전개 속에서의 조선에 대한 올바른 이해에 두고 있었다. 따라서 조선학운동은 합법적 정치운동이 불가능한 현실 속에서 진정한 의미를 갖는 민족운동의 새로운 대안으로 등장하였다.

다산 정약용 기념 사설을 집필하다

1934년 9월 8일 다산 서거 99주기를 맞아 시내 황금정 신조선사新朝鮮社는 오후 8시 종로 중앙기독교청년회관에서 사계의 권위자를 초청하여 기념강연회를 개최하였다. 연사로는 정인보가 「다산선생과 조선학」, 안재홍이 「조선사상朝鮮史上의 정다산의 지위」, 현상윤이 「이조 유학과 다산선생」을 강연하였다. 문일평도 강연하기로 되어 있었으나, 병 때문에 강연을 하지 못했다. 이날 강연회를 기획한 권태휘權泰彙는 신조선사를 설립하여 정약용의 『여유당전서與猶堂全書』를 간행한 인물이다. 신조선사에서 주관한 『여유당전서』 발행사업은 1934년부터 1938년까지 5년에 걸쳐 진행되었다. 다산의 외현손 김성진金誠鎭이 편집하고, 정인보·안재홍이 교열하여 154권 76책의 연활자본鉛活字本으로 완성되었다.

이날 강연회에서는 조선학의 두 가지 방법론이 제시되었다. 첫째 현실에 입각한 통계적 숫자적인 사회동태적 방면, 둘째 역사적 전통적 문화 특수 경향의 방면으로, 모두 엄정한 과학적 조사연구의 대상이라 하였다.

당시 민족주의 사학자들을 중심으로 한 정약용 추모사업은 조선 후기 사에서 '실학'을 정식 용어로 정립시켰고, 조선학운동을 전개시키는 시발점이 되었다. 문일평은 신병으로 말미암아 이날 강연회에는 참석하지 못하였지만, 이 무렵 관련 사론을 준비하고 있었다.

다산선생기념강연회 기사(『동아일보』 1934년 9월 5일)

　문일평은 1934년 9월 10일 『조선일보』에 사설 「정다산丁茶山의 위적偉績 – 99년기에 제際하야」를 발표하여 조선학에 대한 정의를 구체화시켰다. 이 글은 정인보와 상의를 거친 후 작성되었다. 문일평의 『일기』에 다음과 같이 기록되어 있다.

　1934. 9. 9(음 8. 1) 제2 일요일. 출근해서 사설 「정다산의 위대한 업적」을 썼다. 작은 제목은 '99주년 기일에 즈음하여'이다. 오전 9시 회사에 갈 때 정위당을 방문해 다산 실학의 대강大綱을 듣고 와서 사설을 썼다. 불과 3시간 만에 끝마쳤다. 자료가 많을수록 속도가 더 빨라짐을 알 수 있다.

　신문 사설 「정다산의 위적 – 99년기에 제하야」에서 문일평은 다음과 같이 썼다.

첫째 다산 정약용은 실학의 집대성자이면서 최고 권위자였다. 둘째 다산은 부화소실浮華少實한 성리학을 일상생활에 도움이 되지 않는 것으로 비판하였다. 셋째 다산은 당시에 유행하던 여러 가지 학설의 폐해를 지적하고, 학계 혁명을 꾀하였다. 넷째 다산은 조선을 건지기 위해서 필요한 이용후생의 경국제세지학經國濟世之學에 능통하였다.

문일평의 정약용에 대한 관심 표명은 한글창제에서 실학사상으로 문일평의 관심사가 확대되었음을 보여준다. 조선 전기에 머물렀던 조선심의 발견이 조선 후기로 확장된 것이다. 그것은 근대문화의 맹아를 우리 역사에서 찾아볼 수 있다는 자신감의 표출이었다.

1935년 7월 16일 다산 탄신일을 맞아 '조선학술사상 태양적 존재'인 다산의 위업을 추모하기 위한 기념회가 열렸다. 이 해는 다산 서거 100년에 해당하는 해이기도 했다. 장소는 경성부 공평동公平洞 태서관太西館, 시간은 오후 5시 반, 회비는 1원이었다.

이 기념회의 발기인은 문일평을 포함하여, 윤치호·유진태·권내훈·설태희·한용운·김성수·박한영·유억겸·김용무·오긍선·백남운·홍성하·백낙준·안종원·최규동·현상윤·신필호·이훈구·이관구·이선근·김도연·이종린·이여성·윤희중·박종화·이갑수·이종하·이인·소완규·이윤재·성낙서·김창제·이우창·권태휘·김용관·박길룡·공성학·윤하용·윤정하·손진태·김계진·정인보·안재홍이었다.

문일평과 당대 지사들의 정약용에 대한 관심은 오늘날 우리가 말하는 조선 후기 '실학' 연구의 기폭제가 되었다. 실학 연구의 초창기 1단계였던 1890년부터 문일평의 정약용에 대한 논설이 발표되는 1934년까지의 연구는 조선 후기에 성리학과는 다른 한 무리의 현실개혁적 학문과 사상이 존재했음을 주목했다. 그리고 그들은 이 학문의 전통이 유형원·이익·정약용에 이르는 계보를 가지고 있음을 말했다. 그러나 당시에 간행된 각종 국사개설서에서는 실학사상의 존재를 주목하지 못했고, 민중의 계몽을 목적으로 간행되던 각종 신문이나 잡지에서도 조선 후기의 새로운 사상을 극히 지엽적이며 피상적으로만 다루고 있다.

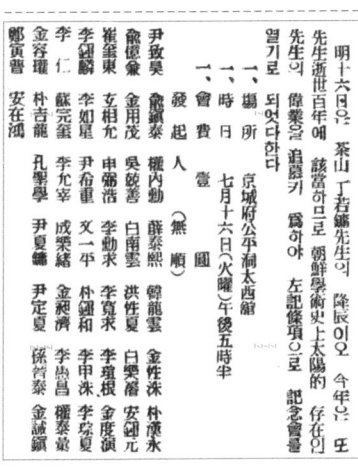

다산서세백년기념 회합 기사(『동아일보』 1935년 7월 16일)

그러나 조선 후기의 새로운 사상적 경향에 대한 연구는 1934년을 계기로 하여 본격적으로 착수되었다. 실학연구의 제2단계가 시작되는 이 해는 오늘날 대표적 실학자로 꼽히고 있는 다산 정약용의 서거 99주년에 해당되던 해였다. 여기에 맞추어 문일평이 정약용의 학문적 공헌을 기리는 논설을 발표한 것이다.

그때 일본의 식민지 통치에 반대하고 협조를 거부했던 민족주의계열의 연구자들은 '조선학운동'을 일으키고 있었다. 그들은 조선학운동의 일환으로 정약용 서거 100주년 기념사업을 계획하였다. 이 과정에서 정약용의 사상을 비롯하여 정약용과 같은 시대의 사상가들에 대한 연구를 시작하였다. 이 시기의 연구를 주관했던 인물들은 문일평·안재홍·정인보 외에도 백남운·최익한 같은 사회경제사가들도 포함되어 있었다.

    이들은 조선 후기에 발생한 이 개혁적 사상의 경향에 대한 범주화 작업과 개념규정을 위해 앞선 연구자들보다 더 큰 노력을 기울였다. 그리하여 그들은 이 사상을 '근대 국민주의 및 자유주의의 선구'로 파악하기도 했다. 그러나 그들은 이 사상이 아직은 봉건사상을 완전히 해탈한 것도 아니고 자유주의를 적극적으로 주장한 것도 아닌 과도기적 성격을 가진 것으로 규정하기도 했다. 또한 일부의 연구자들은 이 사상을 '종래 계급의 반성적 요구를 반영하는 것이기는 하지만 새로운 계급의 이익을 대변하는 사상체계는 되지 못했다'고 규정하기도 했다.

    이 시기의 '실학' 연구는 그 범위와 대상이 매우 제한되어 있었고, 이에 관한 본격적 연구의 성과도 미진한 편이었다. 그렇다 하더라도 일본인 연구자들에 의해 조선에서 독자적 사상이 존재한다는 사실마저 부인되던 당시의 상황을 감안할 때, 이들의 연구와 주장은 민족문화의 전통을 밝히는 데에 있어서 매우 큰 의미를 가지는 것이었다.

조선이 낙오하게 된 두 가지 원인

문일평은 1936년 1월 3일부터 15일까지 『조선일보』를 통해서 「병자丙子를 통해 본 조선朝鮮」이라는 글을 발표하였다. 이 글에서 문일평은 한국사에서 진정한 계급 교체만이 국가의 발전을 보장할 수 있다는 견해를 제시하였다.

한국사의 진행은 더디고 사회의 변화는 적었으며, 또한 왕통의 경질이 있었지만 정작 필요한 계급의 교대는 없었으므로 국력의 피폐와 사회의 정체를 막을 수 없었다.

문일평은 1937년 1월 1일부터 1월 5일까지 『조선일보』에 「중요성重要性을 띠인 이조사李朝史의 3정축三丁丑」이란 글을 연재하였다. 근대문명은 자본주의 문명임을 강조하는 사회경제사적 시각에서 우리 역사가 발전하지 못한 이유로 상공업계층이 성장하지 못한 점을 지적하였다. 다분히 서구의 근대를 만든 부르주아지의 형성을 의식하고 있는 글이다. 이는 문일평이 다른 글에서 과학적 역사발전단계를 주장한 것과 관련이 있다.

문호 개방은 봉건적 사회로부터 자본적 사회로 들어가는 유일의 통로이다.

문일평은 우선 조선이 근대적으로 발전하기 위해서는 개방적 태도가 중요하다고 보았으며 동시에 그는 문호 개방의 필요조건으로 상인계급 형성의 중요성을 역설하였다.

근대문명은 상공商工문명이다. 봉건문명은 농민층 위에 세운 것과 같이 자본주의문명은 도시 상공층 위에 세운 문명이다. 그러므로 근대문명을 운전하는 이는 상고商賈들이다. 상고가 없는 조선에 어찌 써 근대문명을 수입할 수 있었으랴 …… 이 상공군商工群의 결여가 치자층治者層의 국제적 색맹과 아울러 근대 조선으로 하여금 신문명에 낙오하게 한 2개 주인主因인가 한다.

문일평은 근대 조선이 신문명의 대열에서 낙오하게 된 근인近因의 하나는 치자군治者群의 국제적 색맹 곧 위정자의 국제적 혜안의 결여, 그리고 또 다른 하나는 상공 계급의 결여에서 말미암은 것으로 생각했다. 즉 쇄국정책으로 인한 자본주의의 미발달이 근대화의 장애가 되었음을 지적한 것이다.

문일평은 1938년 1월 3일부터 1월 5일까지 『조선일보』에 「이조문화사李朝文化史의 별혈別頁」을 연재하였다. 실사구시 학풍의 중요성을 강조한 것이다. 이 글에서 문일평은 복잡다기한 실학파를 망라하여 자세히 소개하였을 뿐만 아니라, 그들의 주장 속에 자본주의적 맹아가 있었음을 주목하였다. 문일평에 의하면, 실사구시 학은 자아를 재검토하여 재수립하려는 목적에서 출발하였다.

영조 정조 시대에 성행하던 실사구시의 학풍은 이조 사상사상 자못 주목할 현상으로서 그것이 반도 유학의 공리편중空理偏重에 대한 일종 반동으로 생겨난 것은 말할 것도 없다. 태조가 숭유친명崇儒親明으로 이조의 국책을 삼은 이래 유학이 비록 퇴계 율곡을 얻어서 일단 광채를 더했으되 대체로 이론에 편중하고 실제를 한각閑却했으며 우암尤庵이 나서 주자朱子 숭배와 대명의리를 고취함에 미쳐서는 사상상 자유와 자아는 아주 없어지고 말았다. …… 어시호於是乎 이 모든 결함을 건지기 위하여 식자 사이에 실사구시의 학을 강구함에 이른 것이다. 실사구시의 근본정신은 즉 말하면 자아를 재검토하여 재수립하려 함인데 그 방법에 있어서는 먼저 근본문제 되는 경제적 시설에서부터 착수하자 함이다.

문일평은 조선 후기에 반계 유형원에서 시작하여 성호 이익학파를 거쳐 다산 정약용 단계에 이르러 실사구시학이 꽃을 피웠다고 파악하였다. 그리고 박제가가 『북학의』를 통해서 상업의 중요성과 서양과의 통상을 역설하면서 자본주의 발전의 싹이 보였다고 하였다. 문일평은 서양과의 통상까지 운위한 박제가의 주장을 "쇄국의 문호가 굳게 잠긴 18세기에 앉아서 개국 통상을 부르짖음은 놀랄 수밖에 없다"고 극찬하였다.

『여유당전서』 출판 기념회

문일평은 조선학운동은 바로 우리 자신의 현실을 직시하고 개선하기 위한 학문운동이라는 점을 신문 사설을 통해서 밝혔다. 그리고 당시의 연구 성과를 참조하여 조선 후기 실학자들의 계보를 정리해 이후 조선 후기의 실학 연구가 진일보할 수 있는 토대를 쌓았다. 실학자들에 대한 문일평의 관심 중에서도 단연 으뜸은 정약용에 관한 것이었다.

1938년 12월 16일 신조선사에서 정약용의 글을 모아 간행한 『여유당전서』 76책의 완간을 기념하는 출판기념회가 개최되었다. 기념회는

「여유당전서」 완간기념 기사(『동아일보』 1938년 12월 13일)

오후 5시부터 경성부 내 명월관明月館에서 열렸으며 회비는 2원 50전이고, 일반인 누구나 참가 할 수 있었다.

출판기념회의 발기인으로는 문일평을 포함하여 공성학·박영철·최린·김태준·한규복·방응모·박종화·안종원·안인식·박한영·손진태·조용만·이영준·이극노·이인·최규동·성낙서·김진태·김사정·강세형·조동식·신태악·윤치호·이갑수·송진우·이묘묵·오긍선·이헌구·백관수·유광렬·윤일선·이훈구·민태식·현상윤·홍승균·김성수·이종만·이여성·고재욱·이병훈·최익한·구을회·이관구·김인이·설완규·김기진·민광식이었다.

그리고 다카하시 도오루高橋亨·후지츠카 치카시藤塚鄰·야마구치 마사유키山口正之·오다 쇼고小田省吾·후지타 료사쿠藤田亮策·스즈키 마사부미鈴木正文 같은 일본인 학자들도 다수 참여하였다.

문일평이 실학과 정약용을 주목한 것은 민중본위를 중심으로 실제적인 이용후생을 강조한 '조선심'을 우리 역사의 본령으로서 자리매김하기 위해서였다.

16 갑작스러운 죽음과 추모

사망 원인과 장례식

1939년 4월 3일 오전 6시 반 문일평이 52세로 내자정內資町 자택에서 급성단독急性丹毒으로 사망하였다. 서거 직전 문일평은 조선일보사에서 함께 근무하던 이훈구와 함께 조선일보사 출판부에서 『조선명인전』 출간을 기획하고 있었다. 조선에도 영웅 열사와 위인 호걸이 많다는 사실을 젊은 학생들에게 알리기 위해서였다. 그러나 얼마 뒤 문일평은 고향에 선산일로 얼마동안 지방 여행을 하겠다고 작별한 직후에 세상을 떠났다.

문일평의 사인은 급성단독이었다. 급성단독이란 상처 부위에 세균이 침입해서 갑자기 생기는 병을 말한다. 문일평은 사망 직전에 건강이 별로 좋지 못하였다. 회사 사람들에게 얼마 동안 지방 여행을 하겠다고 한 것도 사실은 요양 차원에서 계획했던 것 같다. 건강이 좋지 않은 문일평은 면역력이 급격히 저하되어 있었고, 급기야 세균 감염으로 급성단독에 걸려 사망하기에 이른 것이다.

문일평 별세 기사(『동아일보』 1939년 4월 5일)

급성단독의 직접적인 사인은 면도하다 베인 상처 때문이었다. 문일평이 면도를 하다가 조금 베어 그 상처가 부르텄다. 여기에 그의 처가 임시방편으로 멘소레담을 발라주었으나 급성단독에 걸린 지 약 일주일 만에 세상을 떠났다.

문일평은 슬하에 동표東彪·동욱東彧 두 아들과, 채彩·소운小芸·소영小英 세 딸을 두었다. 『남평문씨세보』에는 동빈東彬이라는 아들이 있었던 것으로 보이는데, 일찍 사망한 것 같다. 당시 문일평의 장남 동표(33세)는 조선일보사 편집국에 근무 중이었고, 차남 동욱(22세)은 연희전문 상과 2학년에 재학 중이었다. 시집간 딸 소영은 문일평이 서거하기 직전인 3월 29일에 출산하여 산후조리를 하던 때라 부친의 마지막 모습을 지키지 못했다. 문일평은 평소 딸에게 '온순해라, 겸손해라, 허영에 들뜨지 말라, 쓸데없이 세속에 휩쓸리지 말라, 남을 동정하라' 하는 가르침을 주었고, 평소에 그런 말들을 몸소 실천하였다고 한다.

문일평 가족(뒷줄은 세 딸과 며느리, 앞줄 왼쪽은 둘째 아들 동욱, 오른쪽은 장남 동표, 가운데는 문일평 부부)

    문일평의 시신은 1939년 4월 7일 경기도 양주군 망우리 묘소에 안장되었다. 7일 아침 예정시간보다 좀 늦은 10시 반 태평동 『조선일보』 본사 뒤 광장에서 간소한 영결식이 열렸다. 생전에 문일평을 사모하고 존경하던 노년급의 친지로부터 나이 어린 청년에 이르기까지 약 300명의 조문객이 참렬하였다. 광장 서쪽 단에 영구를 모시고 고인의 영령을 모신 곳을 향하여 서 있던 추모객들은 고인이 떠나감을 아끼어 조용히 말이 없었다.

    현상윤의 사회로 조선일보사 사장 방응모의 영결식사가 있었다. 이어서 조선일보사 주필 이훈구의 고인 약력 낭독이 있었다. 다음으로 『동아일보』 사장 백관수, 매일신보사 편집국장 김형원, 진단학회 이병도, 네 사람의 정중하고 간곡한 조사 낭독이 있었다. 조사, 조전의 약독이 있었고, 분행 배례와 참가자 일동의 1분간 묵도로 식은 끝났다. 12월 3일에는 평소 가까이 지내던 정인보의 글과 김승렬의 글씨로 문일평을 위한 묘비가 세워졌다.

정인보는 문일평의 묘비에서, 자신이 문일평보다 5세 연하였지만, 상하이에서 둘이 처음 만난 이후 서로 '모애慕愛'하는 사이였다고 밝히고 있다. 그리고 문일평이 지은 저술은 모두가 사료의 정독을 바탕으로 한 것이어서 심오한 내용을 쏟아내었다고 평하였다.

유고집의 간행과 독립유공자 수훈

문일평 서거 후에 그를 기리는 추모사업이 전개되었다. 1939년 조선일보사에서 근무하던 이원조李源朝가 『호암사화집湖岩史話集』(인문사人文社)을 간행하였다. 1939년 7월 28일 『동아일보』에 국어학자 이윤재가 『호암사화집』에 관한 서평을 게재하였다. 여기에서 이윤재는 『호암사화집』이 문일평 유고의 일부로서, 인물·고적·사실의 3편으로 구성되었는데, 정치·문학·종교·예술·군사·학술 등 다방면에 걸쳐 다른 역사책에서 찾아볼 수 없는 특수한 사실만이 수록되어 있는 것이 이 책의 자랑이라고 평하였다. 그러나 문일평이 만년에 조선 근세외교사의 사료를 얻기 위해서 무한히 노력하였음에도 불구하고 그것이 이 책에 같이 수록되지 못한 것은 적지 않은 유감이라고 하였다.

10월부터 12월에 걸쳐 문일평의 유저인 『호암전집湖岩全集』 3권이 조

문일평 장례 기사(『조선일보』 1939년 4월 8일)

文湖巖墓記

文湖巖一平義州人真先徙自南平父諱天斗母李氏湖巖長身高進赤鬚疎眉目微蒼色而額尖少嗜學十八東渡江足則熟書已略遍閱時艱辛間同道諸先輩風以志氣自厲業未竟歸教大成校癸女嘗游滬湖嚴在焉是時湖嚴甫二十六普少五相慕愛既而先後歸六七年之間普家居而湖嚴備更歷限家本饒也徒以不忍人疎於幹至是窮甚歷教中東中央松都諸校以寄餬然貞履潔操不苟舊好文藝漸棄必專治吾舊史聞就中外日報最後朝鮮日報延篇額問所述浚抒史料精深謹嚴隱隱

정인보가 쓴 문일평 묘기

『호암전집』 신간 소개 기사
(『동아일보』 1939년 11월 18일)

선일보사 출판부에서 간행되었다. 문일평의 장남으로 조선일보사에 근무하던 문동표가 편집하였다. 문동표는 1935~1936년경부터 조선일보사 출판부에 근무하다가 정치부를 거쳐 1940년 8월 『조선일보』가 폐간될 때에는 조사부장으로 있었다. 해방 후 1947년 5월부터 1949년 1월까지 조선일보사 편집국장으로 있다가, 6·25전쟁 때 납북되었다.

　　　　1939년 11월 18일자 『동아일보』 신간 소개란에 조선일보사 출판부에서 간행한 『호암전집』 광고가 실렸다. 그리고 12월 22일에는 『호암전집』 출판기념회를 가졌다.

한편 『소년조선일보』에 연재되었던 문일평의 「역사歷史 이야기」가 정리되어 1940년 『소년역사독본少年歷史讀本』(조선일보사 출판부)으로 발행되었다. 이는 조선일보사가 폐간을 앞두고 발행한 기념비적인 출간물이 되었다.

조선총독부는 1937년 중일전쟁 발발 이후 각 신문사에 「편집에 관한 희망 및 주의사항」을 전달하여 특히 한글 신문에 대한 철저한 통제에 나섰다. 『조선일보』는 이러한 상황에서 결국 총독부에 '협력'하는 길을 택하였다. 그러나 총독부는 이러한 태도에 만족하지 못하였다. 1939년 12월 총독부 경무국장은 조선일보사 사장 방응모와 동아일보사 사장 백관수를 총독부로 불러 '시국에 부응하여' 두 신문이 자진 폐간해줄 것을 종용하였다. 두 사장은 이를 거부하고 신문을 계속 발간하였으나, 총독부의 지속적인 위협으로 결국 두 신문은 1940년 8월 10일 「폐간계」를 제출하고 이날로 폐간호를 찍게 되었다.

1940년 『호암전집』이 조광사朝光社 명의로 재판되었으며 1948년 『호암전집』이 일성당서점一成堂書店에서 재간되었다. 1948년 1월 13일자 『동아일보』에는 문일평의 『조선사화朝鮮史話』

『조선사화』 신간 소개
(『동아일보』 1948년 1월 13일)

관련 신간 소개가 보도되었다. 1978년 삼문사三文社에서 1940년에 간행된 『전집』의 재판본을 영인하면서, 해방 이후 『호암사화집湖岩史話集』이 개제改題되어 발간되었던 『조선사화朝鮮史話』를 포함시키고, 여기에 『전집』 등에 빠진 글 일부를 넣어 『전집』의 제4권으로 만들었다. 1995년 역사학자 최기영崔起榮이 흩어진 문일평의 글과 관련 자료를 모아 『호암전집』 3권에 더해서 『호암문일평전집湖岩文一平全集』 5권(민속원民俗苑)을 간행하였다. 2001년에 민속원에서 『호암문일평전집』 5권을 다시 영인하였다.

1995년 8·15를 기념하여 문일평이 독립유공자로 선정되었다. 1995년 8월 9일자 『동아일보』, 『경향신문』에는 문일평이 독립유공자로서 정부로부터 독립장 수훈대상자로 결정되었다는 기사가 보도되었다.

서울시 중랑구는 3·1절 79주년을 앞둔 1998년 2월 27일 오전 11시 망우 묘지공원에서 독립운동가인 문일평 등 8명의 연보기록비 제막식을 거행하였다. 전 해에 연보비가 세워진 만해 한용운 등 7명에 이어 이

독립기념관 문일평 어록비

해에 추가로 문일평·서병호·서동일·오재영·서광조·유상규 등 애국지사와 시인 박인환, 교육자 오긍환 등의 연보기록비가 설치되었다.

2005년 6월 21일 독립기념관에서는 문일평의 어록비 제막식을 거행하였다. 어록비에는 다음과 같은 말이 새겨져 있다.

조선 독립은 민족이 요구하는 정의 인도로서 대세 필연의 공리요 철칙이다.

－「애원서」중에서

망우산공원 문일평 묘 입구 표지석   아차산 망우산공원 문일평 묘

망우산공원 문일평 어록비

에필로그

후대의 평가와 문일평의 소원

문일평이 역사가로 활동했던 시기는 일제강점기에 해당한다. 한국사 연구가 쉽지 않을 때였다. 더구나 일제는 조선사편수회를 만들어 조직적으로 한국사의 왜곡을 기도하였다. 문일평의 한국사 연구와 서술은 조직적인 일제 총독부의 한국사 왜곡 기도에 맞서 한국사의 정수를 지켜내고자 한 애국적 활동이었다. 그렇기 때문에 문일평의 한국사 연구가 값진 것이다.

문일평에 대해서는 다양한 평가가 존재한다. 우선 먼저 박치우, 홍이섭, 이병도와 같이 문일평을 직접 보고 겪은 당대 인사들의 평가와 후대 학자들의 평가로 구분할 수 있다. 박치우는 「조선학이 독무대(상)」라는 글에서, 문일평이 '과거가 아니라 현재와 미래를 위해 역사를 서술하고자 하였던 사론가史論家'였다고 평가하였다. 문일평은 무미건조한 랑케Leopold von Ranke류의 '죽은 역사'가 아닌, 크로체Benedetto Croce나 콜링우드Robin George Collingwood와 같이 '살아있는 역사'를 선호한 인물이었다는 점을 말한 것이다.

홍이섭은 「호암 문일평」이라는 글에서, '문일평이 노력한 역사 서술의 간이화簡易化는 한국의 민족적 대중에게 사회의 역사적 현실을 알리기 위한 방편이었으며, 이를 통하여 한국인의 정신개척의 선봉이 되었다'고 평가하였다. 이병도는 「사가史家로서의 고故 호암」에서, '문일평의 역사 서술은 전문적인 학술성보다는 사론이나 사화의 형태로 계몽적 성격을 지닌 것이 대부분'이라 하였다. 문일평이 역사를 소재로 한 쉬운 글쓰기를 통해 대중 계몽에 주력한 것을 표현한 것이다.

김광남은 「문일평의 인물론에 대하여」에서 '문일평은 연구 분야의 다양성과 평이한 문체, 객관적인 논조의 서술가', 혹은 「호암 문일평의 역사인식」에서 '민중을 계몽하고 역사를 대중화하는 데 앞장선 민족사가'라고 했다. 박걸순은 「문일평의 고려사 서술과 인식론-『고려개사』를 중심으로-」에서, 문일평이 고려사 연구에 큰 공헌을 하였음을 밝히고, '안재홍·정인보와 함께 1930년대 한국사학을 대표하는 민족주의 사가로서 역사학의 대중화에 크게 기여하였다'고 하였다. 이들은 한결같이 문일평이 뚜렷한 사론을 가지고, 민중 계몽을 위한 대중적 역사 서술을 구사한 인물이었다고 평가하고 있다.

이완재는 「1930년대 민족주의사학의 발전」이라는 글에서, 문일평을 '민족주의 사가들 가운데 신채호가 제기한 문제들을 가장 광범위하게 취급하고 이를 해결하였다고 할 만하며, 한국 역사·한국 문화의 영역을 더욱 확대 심화시키면서 한국 역사에 대한 학문적 체제의 틀을 마련한 인물'로 평가하였다. 조동걸은 『현대한국사학사』에서 문일평을 '후기 문화사학자'로 범주화하면서, 이전의 민족주의사학자들과 차별되는 문일평만의 특징에 주목하였다. 한국사 중에서도 특히 문화사를 중시했던 문일평의 면목을 엿볼 수 있는 평가들이다.

윤해동은 「문일평」이란 글에서, '일제강점기 사학사를 실증사학, 민족주의사학, 사회경제사학으로 구별할 경우, 민족주의사학자인 문일평은 문헌고증사학적 방법론을 도입한 역사가'로 평가하였다. 류시현 역시 「1920~30년대 문일평의 민족사와 문화사의 서술」에서 '문일평은 민족주의적 고민과 병행해서 실증을 강조하는 문헌사학자적인 모습을 보이고 있다'고 평가하였다. 문일평은 민족주의사학자로서, 일제강점기 민족주의사학자들의 취약점으로 지적되어 온 실증적 측면을 중시한 인물이라는 점에 주목하였다.

이기백의 문일평에 대한 평가는 좀 더 포괄적이다. 「근대 한국사학의 발전」이란 글에서 '문일평은 근대역사학의 전통에서 민족주의사학과 사회경제사학, 그리고 실증사학을 공유하며 좀 더 높은 새로운 차원으로 비약시키고자 노력한 역사가'라고 규정하였다. 최기영 또한 「문일평의 생애와 저술」이란 글에서, '문일평은 민족주의 사학과 실증사학을 접목시키고자 하였고, 나아가 한국사의 사회사적 이해를 도모하고 계급 간의 대립과 갈등을 통하여 사회발전을 살피고자 한 점을 볼 때 그의 역사학은 사회경제사학에까지 이해의 폭을 넓히고 있었다'고 평가하였다.

이러한 견해를 종합해보면, 문일평은 민족주의사관을 중심에 두고, 실증사학적 방법론과 사회경제사학적 시각을 겸비한 역사가였다. 그리고 민중계몽을 위한 간명하고 평이한 문체를 통해서 그의 사관을 전달하기 위해서 노력했던 역사가였다.

많은 연구자들이 문일평을 단순히 민족주의사학자로 구분하는 것과 달리, 이 책에서 문일평을 '민족사학자'로 칭하는 이유도 여기에 있다. 민족사학이란 민족주의사학에서 비롯된 한국 근대사학을 말한다. 그렇다고 민족사학과 민족주의사학이 동의어는 아니다. 민족사학은 식민사학의 대칭어로서, 민족주의사학 외에도 사회경제사학이나 유물론사학 그리고 신민족주의사학 등 다양한 사학의 방법론을 포괄할 수 있는 개념이다. 문일평은 민족주의사관을 뼈대로 하여 사회경제사학과 실증주의사학의 방법론을 모두 수용했던 인물이었다.

문일평은 식민지 치하의 조선인들에게, '그대들이 조선 청년이거든 조선이라는 것을 좀더 절실히 알아달라'고 호소하였다. 일본을 알기 전에, 러시아를 알기 전에, 미국을 알기 전에 먼저 조선을 깊이 알아주고 걱정하여 줄 것을 호소하였다. 그리고 또 한 가지 부탁하고자 한 것은 반만년의 역사를 가진 조선의 고유한 문화혼을 되찾자는 것이었다. 그리고 우리가 만들어 나갈 신문화는 과거의 문화혼을 토대로 하여 새로운 꽃을 피우는 문화라야 할 것이니, 적은 일에나 큰일에나 이 정신을 가지어야 할 것을 간절히 부탁한다고 말하였다.

'사위四圍가 캄캄하여 눈이 있어도 쓸 데 없거든, 손으로나마 너의 갈 길을 더듬어라.' 나는 이렇게 부르짖습니다. 그리고 나는 늘 '광명을 향하여' 하고 외칩니다. 이것이 나의 좌우명이랄까요.

— 『신생』 1929년 10월

절망과 고통의 일제 식민지 치하에서도 결코 독립의 희망을 버리지 않았던 문일평. 그는 짓밟히고 뒤틀린 우리 민족의 문화혼을 되찾아 세계 인류문화의 진보에 이바지해야 한다는 원대한 과제를 대중들에게 전달하고자 노력한 역사가였다.

문일평의 삶과 자취

1888. 5. 15	평북 의주군 의주면 서부동에서 본관 남평 문천두와 해주 이씨의 장남으로 출생
	어려서부터 한학자 최해산의 문하에서 한문 수학
1899	12세에 3세 연상인 본관 전주 김은재와 결혼
1905	18세 봄에 단발하고 일본 도쿄로 유학. 세이잔학원靑山學院 중학부 1학년. 청강생으로 입학하였으나 일어를 몰라 곧 중퇴
	서북지방 출신이 결성한 태극학회의 일어강습소인 태극학교에 입학하여 일어를 공부함
1906	신학기에 도쿄 간다 세이소쿠학교에 입학. 새 하숙집 옥진관에서 홍명희·이광수와 만나 함께 생활
1906. 10	태극학회 기관지 『태극학보』 3호에 「자유론」 발표
1907. 6	『태극학보』 11호에 「진보의 3계급」 발표
7	『태극학보』 12호에 「한국의 장래문명을 논함」 발표
9	20세에 메이지학원 중학부(보통과) 3학년에 편입. 이광수와 동급생이 됨. 홍명희는 다이세이중학에 다님
1908. 5	『태극학보』 21호에 「체육론」과 「세계풍속지 역술(1)」 발표
9	『태극학보』 24호에 「아국청년의 위기」 발표
10	『태극학보』 25호에 「아배청년의 위기(속)」 발표. '국수國粹'를 강조
11	『태극학보』 26호에 「아배청년의 위기(속)」 연재
12	『대한흥학보』 8호에 「아국 장래 상업의 중심지」 발표
1909. 2	메이지학원 보통과 4학년 시절 교내 연설회에서 「청년과 신세

211

	계」라는 주제를 한국어로 연설
1910. 3	23세 때 메이지학원 보통과 졸업
1910	1학기 평양 대성학교 교사로 근무
1910	2학기 의주 양실학교를 잠깐 거쳐, 서울 경신학교로 전근. 경신학교 시절 구리개에 있는 조선광문회에 출입하면서 한국사를 공부함. 신민회 회원으로서 상동청년회에서 주관하는 토요강습소에서 대중강연 활동
1911	봄 두 번째 도쿄 유학. 와세다대학 고등예과 입학
1911. 10. 1	재동경조선유학생친목회 임시총회에서 평의원에 선출
1912. 1. 3	유학생친목회 본회에서 조소앙·조만식 등과 함께 회보 발간 장소 교섭위원으로 선임됨. 아울러 유학생친목회 기관지 『학계보』 창간호의 편집 겸 발행인 겸직. 같은 학교에 다니는 안재홍·김성수, 그리고 메이지대학의 송진우 등과 교유
1912. 4	『학계보』 창간호에 세 편의 글을 기고. 이때부터 '호암虎巖'이라는 필명을 사용
1912. 7	고등예과 수료 후 정치학과(정치경제과)에 입학
1912	말 광문회 도쿄 출판지부 설립 추진 중 갑작스럽게 상하이로 향발
1913. 1	상하이 도착. 며칠 뒤 난징으로 가 신규식·박은식·홍명희·정인보 등을 만나 자유당사 사택에서 함께 생활
1913	봄 신규식의 주선으로 상하이 대공화일보사에 취직. 독립운동 단체인 동제사에 참여
1913. 12	동제사에서 청년유학생 육성을 위해서 상해 프랑스조계 내에 박달학원博達學院을 설립하자, 박은식·신채호·홍명희·조소앙 등과 함께 지도교수로 활동
1914. 4	무렵 안둥현安東縣을 거쳐 귀국
1914	가을 안둥현 만철滿鐵병원에 신경쇠약으로 입원

1917. 1	일제 경찰에 의해 갑종 요시찰인물로 지목되어 감시를 받음
1918	박승빈·오세창·이능화·최남선 등과 함께 민족계몽단체인 계명구락부를 조직
1919. 3	3·1운동 참여
8	33인의 민족대표가 체포되자 "우리들은 손병희 등의 후계자로서 조선독립을 요구한다"는 취지의 『애원서』를 작성
12	보신각에서 『애원서』를 직접 낭독하여 다시 한 번 독립만세 시위운동에 불을 붙이고 체포
1920. 3. 9	서대문형무소에서 보안법위반으로 형기를 마치고 만기 출소
1920. 8	한성도서주식회사 출판부 촉탁으로 취직
1920. 8. 13	개최된 조선노동대회에서 교육부장에 피선
1920. 9	『서울』 제6호에 『일본인 저술한 이충무전』을 발표하면서 본격적인 역사 저술가로 활동 시작. 이때부터 호암虎巖이라는 필명 대신 호암湖巖이라는 필명을 사용
1921. 6	계명구락부에서 발행하는 『신민공론』의 동인으로 활동
1922. 2	금연을 통한 저축으로 학문 권장에 힘쓸 것을 규약한 단연동맹회 발기인으로 참여
1922~1923	중동학교 교사로 재직
1923. 1. 14	『동명』에 「조선과거의 혁명운동」을 발표하면서, 역사에서 민중의 역할을 강조
1923. 1. 21	『동명』에 「조선과거의 혁명운동」(속)을 발표하여 계급투쟁론적 민중사관을 드러냄
1924	『개벽』 1월호에 「갑자이후 육십 년간의 조선」을 발표하여 '동학당 난'을 "조선역사상 계급쟁투의 색채가 가장 선명한 혁명운동"으로 평가
1925. 2	19일자 『동아일보』와 『조선일보』에 화요회 명의로 게재된 「전조선민중운동대회 개최취지문」을 작성

1924~1925. 4	초순까지 송도고등보통학교 역사담당 교사로 근무
1925. 8	세 번째 일본 유학길에 오름. 도쿄제국대학 문학부 사학과 동양사부 청강생으로 입학
1926. 7	일본에서 귀국
1926. 9. 6	11일까지 6일간 개성 중앙회관에서 개최한 고려사강좌에서 강연
1927. 1	신간회 발기에 참여
	「정묘호란」 저술로 전쟁 관련 역사 서술 본격화(1928. 5. 「을지공의 살수대첩」, 1929. 4. 「강감찬 귀주대승첩」으로 연결)
	「조선지광」에 「경제관계로 본 조선문명」을 서술하여 사회경제사관을 드러냄
1927	『고려개사』를 집필하여 일제 식민사학의 중세사 왜곡에 대응
	『동광』 10호에 「조선사의 교과서에 대하여」를 발표하여 민중들이 알아볼 수 있는 쉬운 글쓰기를 강조
1927. 2	신간회 경성본부 간사에 피선됨
1927. 8. 15	조선물산장려회 이사회에서 이사로 피선
1927. 8. 20	개성 중앙회관에서 「여조문명麗朝文明과 이조문명李朝文明」이란 주제로 강연
1927. 10. 26	서울 경운동 천도교기념관에서 「천조天祖의 강세降世」란 주제로 개천절을 기념하는 강연
1927. 11	대종교 발행의 역사, 지리, 한글 관련 교양 월간 잡지 『한빛大光』의 간행업무 담당
1927	중외일보사 논설부 기자 및 경성여자상업학교 교사 겸직. 팔진옥을 중심으로 의열단 출신 및 애국지사들과 교유
1928. 4. 30	조선물산장려회 본부 제6회 정기대회에서 이사로 피선
1928. 5	『별건곤』에 「조선심 차진 조선문학」을 발표하여 '조선심'을 주장

1928. 7. 22	일주일 간 경남 김해군 신간회지회 주최 상식대강좌에서 역사 강의 담당
1928. 말	조선일보사 입사
1929. 1	『신민』에 「우리 청년의 진로」를 발표하여 조선문화에 대한 각성과 외래문화의 주체적 수용을 강조
1929. 1	『신생』에 「청년지도에 대한 제가의 의견(일)」을 발표하여 과학적 생활태도를 주장함
1929. 4. 13	조선물산장려회 제27회 이사회에서 제7회 정기대회 준비위원에 피선
1929. 5	배재고등보통학교 교사 겸직
1929. 5. 22	6월 27일까지 『조선일보』에 「조선인과 국제안」을 발표하여 조선 성리학과 맹목적 존화주의를 비판하고, 관념적 명분과 외형적 의리보다 실리 우선의 국가외교를 강조
1929. 6	『문예공론』에 「민족문학의 수립」이라는 글을 발표하여 한글 창제를 진정한 한국문학의 시작으로 평가 6월부터 『조선일보』에 「최영과 조선정신」을 연재하여 한국사의 전개를 '대조선정신'과 '소조선정신'의 대립과 갈등으로 설명하고, 조선시대는 소조선정신이 대조선정신을 질식시킨 시대였다고 평가
1929. 7. 29	8월 3일까지 평양 기독청년회 주최 한글·조선사 관련 강좌에서 조선사를 강의
1929. 10. 3	16일까지 『조선일보』에 「독사한평讀史閑評」을 실어 당시의 한국사개설서들을 품평. 사료비판의 엄밀함을 갖춘 독특한 사관의 소유자로서 신채호를 극찬
1929. 11. 13	17일까지 『조선일보』에 「조선문화에 대한 일고찰」을 발표하여 귀족문명에 대비되는 민중문명의 중요성을 강조
1930	청구학회 가입

1930. 9. 21	10월 10일까지 『조선일보』에 「조선반란사론」을 연재하여 한국사는 제왕들의 역사만이 아니라 반역자의 역사임에 주목함. 독립전선에 과감히 뛰어드는 데는 혁명가의 기개가 요구되었고, 그것을 반역 정신을 가진 사람들에게서 기대
1931. 초	조선일보사 사직
1931	4월까지 배재고등보통학교 교사로 재직
1931. 4. 30	중앙고등보통학교 조선사 담당 교사로 전근
1931. 8. 23	26일까지 황주 청년동맹 주최 조선역사 강담회에서 역사를 강의
1932. 2. 23	경성방송국 라디오 방송 부인강좌에서 「역사상에 현한 조선여성의 지위(2)」를 강의
1932. 7	『별건곤』 7월호에 「오후 4시」라는 유머소설 발표
1932	8월까지 중앙고보에 재직. 9월 1일자로 후임에 이병도가 취임
1932. 8	청구학회 탈퇴
1932. 12	『신동아』의 앙케이트에서 경제적 궁핍으로 어려운 심경을 토로
1933. 1	『신동아』의 앙케이트에서 "벗에게 대하여 당면해서 경애를 표함보다 환난에 상구하라"는 처세훈을 공개
1933. 4	방응모가 인수한 조선일보사에 편집고문으로 취임
26	5월 16일까지 『조선일보』에 「사안으로 본 조선」을 발표하여 '이조' 문명이 훈민정음을 창제함으로써 미래의 민중문명을 배태한 진보적 시기로 평가
1933. 5. 31	7월 4일까지 『조선일보』에 「역사상의 반역아」를 발표
1933. 7. 16	8월 11일까지 『조선일보』에 「세계문화사선구」를 발표. 세종조의 문자 발명과 과학 발달에 주목하면서 '민중으로서의 세종' 같은 지도자의 중요성을 강조
1933. 10. 26	종로 중앙기독교청년회관에서 개최된 발명학회 주최 과학강연

	회에서 「조선인과 발명」을 주제로 강연
1934. 5. 7	진단학회 발기인으로 참여
1934. 6. 22	조선문기사정리기성회 위원에 피선
1934. 7. 15	12월 18일까지 『조선일보』에 「대미관계오십년사」를 집필, 실리적 외교정책과 노예적 사대성을 엄격히 구분
1934. 9	신조선사 주최로 다산 서거 99주기 기념강연회가 종로 중앙기독교청년회관에서 개최됨. 이날 강연자는 정인보, 안재홍, 현상윤, 문일평이었으나, 문일평은 병으로 불참
1934. 9. 10	『조선일보』에 사설 「정다산의 위적-99년기에 제하야」를 발표하여 '조선학'에 대한 정의를 구체화시킴
1935. 2. 20	경성보육학교 유지회(경보유지회) 임시총회에서 상무위원에 피선됨(위원장 권동진, 상무위원 문일평·이관구·유억겸)
1935. 7. 16	다산 서거 백 주. 기념회 개최. 발기인으로 참여
1935. 10. 28	『조선일보』에 「정음소사正音小史」를 발표하여 한글은 민족적 의의와 민중적 의의를 겸비한 것이므로 그 글자 창작에 담긴 고귀한 문화의 이상을 인식해야 한다고 주장
1936. 1. 3	15일까지 『조선일보』에 「병자를 통해 본 조선」을 발표하여 한국사에서 진정한 계급교체만이 국가의 발전을 보장할 수 있다는 견해를 제시
1937. 1. 1	5일까지 『조선일보』에 「중요성을 띄인 이조사의 삼 정축」을 게재하여 근대문명은 상공업계층이 주도하는 자본주의 문명임을 강조하는 사회경제사적 시각을 드러냄
1937. 7. 16	조선방송협회 라디오 방송 교양프로그램에서 「경성 부근의 탐승에 취하여」라는 주제로 강연
1938. 1. 3	5일까지 『조선일보』에 「이조문화사의 별혈」을 게재하여 실사구시의 학풍을 강조
1938. 12. 16	신조선사에서 『여유당전서』 76책 완간 출판기념회를 개최하

	였는데 여기에 발기인으로 참여
1939. 4. 3	52세의 나이로 내자동 자택에서 급성단독으로 사망
1939. 4. 7	경기도 양주군 망우리 묘소에 안장
1995	8·15를 기념하여 독립유공자로 선정
2005. 6	독립기념관에서 문일평 어록비의 제막식을 거행

참고문헌

자료
- 南平文氏宗中 編, 『南平文氏世譜』, 국립중앙도서관(古 2518-22-27).
- 『동아일보』 1920년 4월 2일자, 「三角山, 虎巖 文一平」.
- 『동아일보』 1920년 8월 15일자, 「勞働大會任員 改選」.
- 『동아일보』 1922년 2월 24일자, 「斷烟同盟活動 창립사무진힝중」.
- 『동아일보』 1925년 4월 13일자, 「文氏日本留學」.
- 『동아일보』 1926년 1월 28일자, 「關西地方 文氏學費支出」.
- 『동아일보』 1926년 9월 6일자, 「高麗史講座」.
- 『동아일보』 1927년 1월 20일자, 「民族主義로 發起된 新幹會綱領發表」.
- 『동아일보』 1927년 2월 17일자, 「各地支部設置 학생부도 두어」.
- 『동아일보』 1927년 8월 25일자, 「開城講演盛況」.
- 『동아일보』 1927년 8월 27일자, 「家庭訪問宣傳 내물건쓰자고 物産獎勵會의 活動」.
- 『동아일보』 1927년 10월 26일자, 「開天節紀念講演 텬도교긔념관에 열리어」.
- 『동아일보』 1927년 11월 23일자, 「『한빛』 創刊」.
- 『동아일보』 1928년 5월 4일자, 「物産獎勵會 第六回定總」.
- 『동아일보』 1928년 7월 14일자, 「常識講座迫到」.
- 『동아일보』 1928월 7월 14일자, 「金海常識講座講師變更」.
- 『동아일보』 1929년 4월 16일자, 「朝鮮物産獎勵會 定期大會開催」.
- 『동아일보』 1929년 7월 25일자, 「한글과 朝鮮史 강좌를 개최」.
- 『동아일보』 1930년 11월 25일자, 「朝鮮小說史 金台俊」.
- 『동아일보』 1931년 8월 31일자, 「朝鮮歷史講談會」.

- 『동아일보』 1931년 9월 2일자, 「第一回 朝鮮語講習消息(黃州)」.
- 『동아일보』 1931년 12월 13일자, 「讀書質疑」.
- 『동아일보』 1932년 2월 23일자, 「라디오」.
- 『동아일보』 1937년 7월 16일자, 「라디오」.
- 『동아일보』 1933년 10월 24일자, 「科學 發明學會 主催 講演會」.
- 『동아일보』 1934년 5월 9일자, 「學者들이 大同會合하야 震檀學會組織」.
- 『동아일보』 1934년 6월 24일자, 「朝鮮文記寫 整理期成會組織」.
- 『동아일보』 1934년 9월 5일자, 「茶山先生 記念講演會」.
- 『동아일보』 1935년 2월 22일자, 「京城保育校 維持會總會」.
- 『동아일보』 1935년 7월 16일자, 「茶山逝世百年記念會合」.
- 『동아일보』 1938년 12월 13일자, 「茶山與猶堂全書 完刊記念祝賀」.
- 『동아일보』 1939년 7월 28일자, 「文一平氏의 遺稿『湖岩史話集』李允宰」.
- 『동아일보』 1939년 11월 18일자, 「新刊紹介 湖岩全集」.
- 『동아일보』 1948년 1월 13일자, 「新刊紹介 朝鮮史話」.
- 『경향신문』 1958년 11월 5일자, 「양주동의 회고담」.
- 『경향신문』 1976년 7월 30일자, 「張勉·孫晉泰·文一平씨 등 30년대 발표소설을 발굴」.
- 『경향신문』 1985년 6월 8일자, 「"親日교사는 校內에서 못배겨냈지 ……" 培材1世紀의 산證人 裵庚烈翁」.
- 『한겨레』 1994년 2월 23일자, 「황원구 교수가 회상하는 '스승 홍이섭'」.
- 『동아일보』 1995년 8월 9일자, 「獨立有功「建國훈-포장」받는 분들」.
- 『경향신문』 1995년 8월 9일자, 「獨立유공 포상자 명단」.
- 『한겨레』 1998년 2월 24일자, 「서울 망우묘지공원에」.
- 朝鮮文記寫整理期成會, 「한글式新綴字法反對聲明書」, 1934. 7.
- 문일평, 『湖岩文一平全集』 1~5, 민속원, 2001.
- 문일평 지음, 이한수 옮김, 『문일평 1934』, 살림, 2008.
- 國史編纂委員會, 『韓民族獨立運動史資料集』 17(三一運動 VII), 國史編纂委

員會, 1994.
- 「朝鮮人 排日運動 企劃狀況에 관한 內報의 件」, 『不逞團關係雜件-鮮人의 部-在上海地方(1)』(1914. 3. 27).
- 「通報 朝鮮人 排日運動 企劃狀況에 관한 件」, 『不逞團關係雜件-鮮人의 部-在上海地方(1)』(1914. 7. 15).
- 「新韓會 組織計劃에 관한 件」, 『思想問題에 관한 調査書類(2)』(1927. 2. 16).

단행본
- 강만길, 『20세기 우리역사』, 창비, 1999.
- 김광남, 「문일평의 인물론에 대하여」, 『사학연구』 36, 한국사학회, 1983.
- 김광남, 「호암 문일평의 역사인식」, 『한국학보』 13-1, 1987.
- 김소영, 『대한제국기 '국민' 형성론과 통합론 연구』, 고려대학교 박사학위논문, 2009.
- 김인덕·김도형, 『1920년대 이후 일본·동남아지역 민족운동』, 한국독립운동사연구소, 2008.
- 김희곤, 『상하이지역 한국독립운동단체연구』, 경북대학교 박사학위논문, 1991.
- 류시현, 「1920~30년대 문일평의 민족사와 문화사의 서술」, 『민족문화연구』 52, 고려대 민족문화연구원, 2010.
- 文喆永, 「湖岩 文一平의 歷史認識」, 『韓國學報』 46, 一志社, 1987.
- 박걸순, 「문일평의 고려사 서술과 인식론-『高麗概史』를 중심으로」, 『충북사학』 11·12합집, 충북대사학회, 2000.
- 박걸순, 『식민지 시기의 역사학과 역사인식』, 경인문화사, 2004.
- 박걸순, 『국학운동』, 독립기념관 한국독립운동사연구소, 2009.
- 박성순, 「문일평 근대사학의 본령, 조선학운동」, 『동양고전연구』 50, 동양고전학회, 2013
- 박찬승, 『민족주의의 시대』, 경인문화사, 2007.

- 박찬승, 『언론운동』, 독립기념관 한국독립운동사연구소, 2009.
- 朴致祐, 「朝鮮學이 獨舞臺(上)」, 『조선일보』 1939. 12. 15.
- 배경한, 『쑨원과 한국 - 중화주의와 사대주의의 교차』, 한울, 2007.
- 신용하, 『신간회의 민족운동』, 독립기념관 한국독립운동사연구소, 2007.
- 禹昇圭, 「人物論 - 湖岩 文一平」, 『新聞評論』, 1976. 3.
- 柳光烈, 「韓國의 記者像 - 文一平先生」, 『한국기자협회보』, 1968.
- 유영렬, 『애국계몽운동 I』, 독립기념관 한국독립운동사연구소, 2007.
- 윤선자, 「1930년대의 國學운동과 茶山 인식」, 『韓國思想史學』 23, 한국사상사학회, 2004.
- 윤해동, 「문일평」, 『한국의 역사가와 역사학』 하, 창작과비평사, 1994.
- 李光洙, 「人生의 香氣」, 『삼천리』 7, 삼천리사, 1930.
- 李光洙, 「나의 告白」, 『李光洙全集』 13, 三中堂, 1962.
- 李基白, 「近代 韓國史學의 發展」, 『近代韓國史論選』, 三星文化財團, 1973.
- 李基白, 『韓國史學의 方向』, 一潮閣, 1978.
- 이덕일, 『근대를 말하다』, 위즈덤하우스, 2012.
- 이병도, 「史家로서의 故湖岩」, 『朝光』 1939. 6.
- 이완재, 「1930년대 민족주의사학의 발전」, 『한국학논집』 21·22, 한양대 한국학연구소, 1992.
- 이윤상, 『3.1운동의 배경과 독립선언』, 독립기념관 한국독립운동사연구소, 2009.
- 정인보, 「介潔無垢의 朴殷植 先生」, 『개벽』 62, 개벽사, 1925.
- 정인보 저, 정양완 역, 『薝園文錄』, 태학사, 2006.
- 정인보 저, 문성재 역주, 『朝鮮史硏究』 下, 우리역사연구재단, 2013.
- 趙珖, 「실학의 발전」, 『한국사』 35, 국사편찬위원회, 1998.
- 조동걸, 『현대한국사학사』, 나남출판, 1998.
- 조동걸, 「민족사학과 민족주의사학」, 『한민족독립운동사』 2, 국사편찬위원회, 1987.

- 조동걸, 『한국독립운동의 이념과 방략』, 독립기념관 한국독립운동사연구소, 2007.
- 崔起榮, 「文一平」, 『韓國史 市民講座』15, 一潮閣, 1994.
- 崔起榮, 「湖岩 文一平의 생애와 저술」, 『李基白先生古稀紀念韓國史學論叢 (下)』, 一潮閣, 1994.
- 최기영, 『식민지시기 민족지성과 문화운동』, 한울, 2003.
- 한국독립운동사연구소 편, 『한국독립운동의 역사』, 독립기념관 한국독립운동사연구소, 2013.
- 韓相禱, 『중국혁명 속의 한국독립운동』, 집문당, 2004.
- 韓永愚, 「韓末에 있어서의 申采浩의 歷史認識」, 『丹齋申采浩와 民族史觀』, 형설출판사, 1980.
- 韓永愚, 「韓末 近代歷史學과 朝鮮時代史 理解」, 『인문과학의 새로운 방향』, 서울대출판부, 1984.
- 洪以燮, 「호암 문일평」, 『호암사논선』, 탐구당, 1975.
- Brandon Palmer, 「하와이의 한인과 미국인 간의 관계(1903~1945)」, 『한국독립운동사연구』24, 독립기념관 한국독립운동사연구소, 2005.

찾아보기

ㄱ

『가람일기』 73, 75
감리교회 13
갑신독립당의 혁명 38
갑신정변 38, 70
갑신혁당 38
갑오개혁 17, 72
강감찬 62
『강감찬 귀주대승첩』 60
강매 67
강세형 194
강우 105
강일순 101
『강희자전』 163
『개벽』 72
개성 중앙회관 86
개천절 100, 103
게이오의숙 17
경국제세지학 188
경성방송국 137
경성보육학교 166
경성여자상업학교 63, 64
경성제국대학 85, 86, 167, 180
경성지방법원 55
경신학교 25

『경향신문』 64, 203
계급투쟁론 66, 67, 81
계명구락부 62
계봉우 170
『고등경찰요사』 92
고려 84, 158
『고려개사』 80, 84, 86, 207
고려 북진정책 83
『고려사개설』 84
고베 13
고유섭 169
고재욱 194
공성학 188, 194
공수학회 18
공화주의 50
관비 유학생 17
관음사 43
광무학우회 18
광문회 26, 33
광주학생사건 64
구법승 115
구월산 154
구을회 194
구자옥 165
국수주의 126, 136
권내훈 188

224 '조선심'을 주창한 민족사학자 문일평

권덕규　27, 82, 124, 127, 170
권동진　91~93, 166
권병헌　177
권병훈　163
권영준　164
권중현　101
권태석　93
권태휘　186, 188
김계진　188
김광남　207
김교헌　27, 102, 104
김구　30
김규식　25, 28, 41, 42, 46, 49
김규흥　48
김극선　55
김기진　194
김단야　112
김덕진　39
김도연　188
김도태　105
김동인　58
김동지　76
김두봉　27
김명동　92, 93
김명진　165
김백원　53
김범재　48
김사정　194
김상기　169, 178
김상옥　108
김성수　33, 178, 188, 194
김성진　186
김순복　94

김승렬　199
김시현　109
김억　58
김열　39
김영섭　94
김영일　41
김영준　62
김옥균　38
김용관　188
김용무　188
김원봉　108
김윤경　65, 105, 169
김윤식　58
김은재　11
김응집　62
김익상　108
김익환　178
김인이　194
김재봉　68
김정기　39, 105
김정수　95, 98
김정식　30
김정희　178
김종협　99
김준연　91~93
김지간　76
김지건　75
김지섭　108
김진용　41
김진태　194
김찬　68
김찬영　75
김창제　188

김창환 28
김탁 91, 93
김태영 68
김태준 169, 194
김필한 39
김해군 신간회 지회 88
김형원 106, 198
김호연 67
김홍일 46
김활란 93
김효경 169
김희선 30

ㄴ

나경석 97
나석주 108
『나의 고백』 21, 42
나절로 182
나정 154
나철 100, 101
『낙원』 62
난징 39, 50
남경해군학교 46
남궁억 27, 82
『남화경』 45
낭가사상 116, 120
노기숭 67
노백린 30
노병희 62, 67
노정일 107
『능엄경』 44

ㄷ

다산 65, 188, 193
다산 서거 99주기 185, 186
다이치타오 36, 40, 46
『담원문록』 172
『대공화일보』 41
『대동기년』 180
『대동단결선언』 49, 50
『대미관계오십년사』 142, 159
대성학교 24, 27
『대승기신론』 44
대종교 100~105
『대한매일신보』 26, 30
『대한민국 건국강령』 18, 112
대한민국임시정부 18, 50
대한유학생회 18, 35
대한자강회 29
대한제국 21, 22
『대한화사전』 164
대한흥학회 18
독립협회 12, 27
『독사신론』 26, 60
『동광』 78
『동국사략』 128
『동국통감』 26
『동명』 66, 67
『동문휘고』 180
『동아일보』 57, 62, 68, 72, 73, 90, 92, 94, 97, 105~107, 111, 137, 140, 164, 178, 198, 199, 202, 203
『동이열전』 129
동인학회 18

동제사 45~47, 49
동주공제 46
동학농민운동 38, 72, 73
동학당의 난 38
동화양행 38

ㄹ

러일전쟁 11, 56
류시현 208
류칭 39
리화이상 40
린쩌풍 60

ㅁ

『민립보』 40
매일신보사 198
명제세 93, 96, 99
묘청 82, 83
무단통치 51, 128
무정부주의 43
문동표 202
문성호 55
문소영 25, 147
문시혁 165
『문예공론』 123
「문일평 신문조서」 35
문천두 10
문탁 67
물산장려운동 96~99, 112, 178
민광식 194
『민권보』 40

「민족개조론」 72
민족주의사학자 23, 120, 131, 170, 171, 174, 207, 209
민중 56, 66, 70, 78, 116, 130, 132
민중문명 118, 130, 132, 157
민중사관 66, 120, 171
민중사학 68, 81
민태식 194
민태원 106, 112

ㅂ

박길룡 188
박달학원 47
박동완 91~93
박래홍 91~93
박문규 169
박승빈 62, 163, 165
박영모 62
박영철 194
박용구 165
박용만 49
박은식 27, 30, 38, 39, 46~49, 60, 66, 102, 120, 125, 131
박인환 204
박제가 193
박제순 101
박종화 188, 194
박찬익 46
박천병 98
박치우 206
박한영 177, 188, 194
박헌영 68, 112

박희도　93
『반만년조선사』　128
방응모　114, 139, 140, 194, 198, 202
배경렬　64
백관수　91~93, 194, 198, 202
백관형　55
백낙준　64, 169, 177, 188
백남규　165
백남운　65, 170, 188, 190
「백용석 신문조서」　30
백인기　106
백홍균　98
베이징　40, 43, 50
벽초　16
병자호란　159
북로군정서　102
북진정책　86
『북학의』　193

ㅅ

사대주의　116, 122, 123, 157~159
『사민보』　60
사비 유학생　17
사학동인회　178
『사학잡지』　170
사회경제사학　78, 178, 179, 208, 209
「삼국사기」　26
『삼국지』　129
삼권분립　50
삼균주의　18, 112
3·1운동　51, 60, 63, 70~72, 93, 102, 125, 178, 179, 185

상동교회　27, 30
상동청년학원　27, 30
상하이　34, 36, 38, 39, 41, 42, 44, 45, 47, 48, 50, 60, 108, 109, 140, 179
서광조　204
서동일　204
서병호　204
서세충　62
서승효　106
서양사　21
서재필　12
서춘　139
서학　65
선우일　112
설완규　194
설태희　188
성낙서　188, 194
성리학　21, 189
세노 마구마　84, 85
세이소쿠학교　15
세이잔 예배당　14
세이잔학원　13, 15
세종　44, 78, 120, 132, 134, 135
『소년역사독본』　140, 202
『소년조선일보』　140, 202
소완규　188
손병희　53
손진태　169, 177, 178, 188, 194
송계월　64
송내호　93
송문기　67
송병준　112
송석하　169, 177

송진우　33, 194
순치문　43
『승정원일기』　180
식민사학　85, 125, 167, 170
신간회　89, 90, 93, 94, 113, 178, 185
신규식　40, 41, 45, 47, 49
신남철　165
『신동아』　145
신민족주의사학　209
신민회　27, 29, 30
신석우　49, 89~93, 111, 112, 139
신석호　169
신성모　39
신아동제사　46
신조선사　186, 193
신채호　22, 26, 30, 42, 43, 46~49,
　　　60, 66, 68~71, 91, 93, 102, 105,
　　　108, 116, 120, 125, 127, 128, 131,
　　　170, 172, 184, 207
신필호　188
신한청년당　47, 50
신해혁명　37
실증사학　170, 208
실학　65, 186, 188, 190
쑨원　46
쑹자오런　40, 46

ㅇ

아관파천　12
아나코 생디칼리즘　69
아와 비아의 투쟁　69, 117
아와 비아의 투쟁의 기록　69

안석주　94
안인식　194
안재홍　27, 33, 90~93, 96, 103, 110~
　　　113, 139, 159, 170, 178, 184~186,
　　　188, 189, 207
안종원　188, 194
안중근　70
안창호　25, 29, 41
안창화　95
안태국　30
안확　82, 131, 170, 178
안희제　103, 107
양기탁　29, 58
양실학교　25, 30
양주동　74
양준명　30
언드우드　25
엄정우　105
『여유당전서』　186, 193
『연려실기술』　26
염상섭　74
영흥관　55
오계환　62
오긍선　188, 194
오긍환　204
오기호　100
오동진　25
오산학교　25, 27
오상근　62
오세창　62
오송상선학교　46
오위　10
오재영　204

오천석　58
오화영　93
옥관빈　25, 30
옥진관　15
와세다대학　32, 34, 35, 74, 144
우승규　144, 182
우례청　36
운남군관학교(운남강무당)　46
『운양일기』　180
유각경　93
유광렬　141, 144, 194
유근　27, 105
『유기』　174
유길준　12, 17
유동렬　29, 30
유물론사학　209
유상규　204
유석동　165
유석현　109
유억겸　92, 93, 166, 188
유일선　28
유진태　188
유진하　62
유학생　115
유형원　189, 193
『육서심원』　163
육성자　43
윤덕병　68
윤명은　62
윤선　13
윤세복　49
윤일선　194
윤정하　164, 188

윤철중　67
윤치호　12, 17, 28, 30, 76, 163~165, 177, 188, 194
윤하용　188
윤해동　208
윤효정　178
윤희중　188
의열단　107, 108
이갑　29, 30
이갑성　91, 92
이갑수　188, 194
이경희　62
이관구　166, 188, 194
이관용　88, 91~93
이관직　62
이광수　16, 21, 25, 42, 72, 139, 140, 178, 185
이극노　194
이근택　101
이긍종　164, 165
이기백　208
이능화　62, 105, 177
이동녕　28, 29
이동욱　93, 98
이동휘　28~30
이만규　178
이묘묵　194
이문진　174
이범석　46
이병기　73, 75, 169, 177, 178
이병도　65, 105, 141, 163, 169, 171, 172, 178, 180, 181, 198, 206, 207
이병진　39

이병훈 194
이봉하 58
이상백 169
이상재 28, 30, 92, 93, 112
이상태 67
이상협 106, 107, 165
이석훈 91
이선근 169, 178, 188
이수영 62
이순탁 92, 93
이승복 91~93, 113
이승우 165
이승훈 30, 92
이여성 188, 194
이영 62
이영준 194
이옥 94
이완용 100, 101
이완재 207
이우경 107, 109
이우식 107
이우창 188
이원식 62
이원조 199
이원태 62
이원혁 62
이윤재 169, 178, 188, 199
이윤종 106
이은상 169
이익 189
이인 188, 194
이인승 27
이재명 70

이재욱 169
이정 91, 93
이정섭 92
이조시대 22
이종린 92, 188
이종만 194
이종목 92, 93
이종익 93
이종하 188
이종호 30
이준 30
이지용 101
이진만 107
이찬영 39
이평주 178
이필주 28
이헌구 194
이현숙 95
이호 105
이호연 62
이회영 28
이훈구 188, 194, 196, 198
이희승 169
이희적 76
일승관 15, 25
임경래 113
임원근 68, 112
임유동 107
임치정 30

ㅈ

자신회 101
장길상 92
장도빈 30, 105, 124, 128
장두현 96
장응진 15, 25
장지루안 36
장지연 27, 30, 105, 131
장지영 91~93
장치장 35
재동경조선유학생친목회 33, 76
전덕기 27~29
전조선민중운동대회 개최 취지문 68
정규창 165
정동교회 29
정수일 95, 98
정안사로 42, 43
정약용 186, 188, 189, 193
정여립 131
정원택 39
정인보 22, 39, 42, 48, 49, 64, 103, 105, 120, 125, 159, 170, 171, 174, 177, 178, 184~186, 188, 189, 199, 207
정인섭 177
정재룡 91, 92
정춘수 94
정태석 91~93
정태용 67
정태응 165
정훈모 101
조남익 62
조동식 194
조동호 68
조만식 28, 33, 75, 91, 93, 114, 139, 145
조병상 165
조병옥 93, 113
조봉암 68
조선광문회 23, 25, 26, 104
조선노동대회 67
조선문기사정리기성회 162~165
조선문기사정리위원회 165
조선물산장려회 95~98
조선민속학회 177
조선사편수회 85, 167, 170, 206
조선사편찬위원회 85
조선심 120~122, 124, 125, 133
조선어학회 163, 165
『조선일보』 34, 44, 68, 91, 93, 106, 107, 110, 112~114, 116, 118, 123, 127, 130~132, 139, 142, 153, 155, 157, 159, 160, 174, 175, 182, 187, 190~192, 198, 202
조선일보사 64, 93, 110, 111, 140, 145, 149, 178, 182, 196, 198, 199, 202
조선청년당대회 97
조선청년회연합회 96
조선총독부 86, 108, 137, 163, 167, 202
조선학운동 185, 186, 189, 193
조성환 28, 30, 49
조소앙 18, 33, 36, 42, 43, 46~49, 103
조용만 194
조윤제 169
조전 199

조정환　62
조형균　55
주시경　27, 28, 162, 163
주요한　113, 114, 139
중광　101
중동학교　63
중앙고등보통학교　65, 145
중앙기독교청년회관　93, 186
『중외일보』　63, 87, 106, 107
중한혁명　60
지석영　163
『진단학보』　58, 170, 177
진단학회　169~171, 174, 177, 198

ㅊ

차상진　55
천진군수학교　46
천치메이　40, 46
『청구학총』　167, 170
청구학회　167, 169, 171
청일전쟁　11, 12
청파호　102
체신부　137
초기 문화사학자　125
총독부　97, 107, 113, 202, 206
최광옥　15, 30
최규동　177, 188, 194
최남선　23, 27, 28, 62, 82, 105, 124, 131, 163, 178, 180, 184
최린　194
최명길　159
최병헌　30

최선익　91~93
최성우　27
최수봉　108
최용두　30
최원순　91, 92
최윤동　107
최익한　190, 194
최익환　93
최제우　101
최태영　165
최해산　11
최현배　64, 88, 105, 169
취운정　110

ㅋ

콜링우드　206
콜브란　13
크로체　206

ㅌ

『태극학보』　15, 18, 20, 22, 56
태극학회　15, 18, 25, 76
태프트-가쓰라 밀약　11
태화관　52
토산장려회　97
토요강습소　27
통리기무아문　180
퇴계　119, 120, 134

ㅍ

파리강화회의 47
팔진옥 107, 109
평양 기독청년회 88
평의원 33
필화사건 106, 112

ㅎ

하경덕 65
하세가와 요시미치 55
하야시 다이스케 128
하재화 91
『한국독립운동지혈사』 38
한국방송공사 137
한국사 21, 23, 130
한규복 194
「한글마춤법통일안」 162, 163, 165
한글식 신철자법 반대성명서 163
한글창제 123
한금회 18
한기악 91~93
한선화 95
한성도서주식회사 57, 169
한양조 22
한용운 91, 92, 178, 188
한위건 91, 92
『향강잡지』 48, 49

항주체육학교 46
『해동역사』 26
허헌 96
헐버트 28
헤켈 12
현상윤 186, 188, 194, 198
현채 27, 128
호암 10, 33, 58
『호암전집』 199, 202, 203
홍경래의 난 132
홍덕유 68
홍명희 16, 34, 39, 42, 46~49, 68, 89~93, 129, 139, 140, 178, 179
홍성하 188
홍성희 91~93
홍순필 94
홍순혁 105, 169
홍승균 194
홍이섭 64, 206, 207
황석우 87
『황성신문』 30
황옥 109
황의돈 82, 124, 128
황주 공립보통학교 88
황주 양성학교 88
황주 청년동맹 88
황푸공원 42
훈민정음 118, 121, 163

'조선심'을 주창한 민족사학자 문일평

1판 1쇄 인쇄 2014년 12월 10일
1판 1쇄 발행 2014년 12월 20일

글쓴이   박성순
기 획   독립기념관 한국독립운동사연구소
펴낸이   윤주경
펴낸곳   역사공간
　　　　　주소: 서울시 마포구 동교로 142-11(서교동, 플러스빌딩 3층)
　　　　　전화: 02-725-8806~7, 팩스: 02-725-8801
　　　　　E-mail: jhs8807@hanmail.net
　　　　　등록: 2003년 7월 22일 제6-510호

ISBN 979-11-5707-031-2 03900

• 잘못된 책은 바꿔 드립니다.
• 이 도서의 국립중앙도서관 출판예정도서목록(CIP)은 서지정보유통지원시스템 홈페이지(http://seoji.nl.go.kr)와 국가자료공동목록시스템(http://www.nl.go.kr/kolisnet)에서 이용하실 수 있습니다.(CIP제어번호: CIP2014035777)

역사공간이 펴내는 '한국의 독립운동가들'

독립기념관은 독립운동사 대중화를 위해 향후 10년간 100명의 독립운동가를 선정하여,
그들의 삶과 자취를 조명하는 열전을 기획하고 있다.

001 근대화의 선각자 – 최광옥의 삶과 위대한 유산
002 대한제국군에서 한국광복군까지 – 황학수의 독립운동
003 대륙에 남긴 꿈 – 김원봉의 항일역정과 삶
004 중도의 길을 걸은 신민족주의자 – 안재홍의 생각과 삶
005 서간도 독립군의 개척자 – 이상룡의 독립정신
006 고종 황제의 마지막 특사 – 이준의 구국운동
007 민중과 함께 한 조선의 간디 – 조만식의 민족운동
008 봉오동·청산리 전투의 영웅 – 홍범도의 독립전쟁
009 유림 의병의 선도자 – 유인석
010 시베리아 한인민족운동의 대부 – 최재형
011 기독교 민족운동의 영원한 지도자 – 이승훈
012 자유를 위해 투쟁한 아나키스트 – 이회영
013 간도 민족독립운동의 지도자 – 김약연
014 대한민국 임시정부의 민족혁명가 – 윤기섭
015 서북을 호령한 여성독립운동가 – 조신성
016 독립운동 자금의 젖줄 – 안희제
017 3·1운동의 얼 – 유관순
018 대한민국임시정부의 안살림꾼 – 정정화
019 노구를 민족제단에 바친 의열투쟁가 – 강우규
020 미 대륙의 항일무장투쟁론자 – 박용만
021 영원한 대한민국임시정부의 요인 – 김철
022 혁신유림계의 독립운동을 주도한 선각자 – 김창숙
023 시대를 앞서간 민족혁명의 선각자 – 신규식
024 대한민국을 세운 독립운동가 – 이승만
025 한국광복군 총사령 – 지청천
026 독립협회를 창설한 개화·개혁의 선구자 – 서재필
027 만주 항일무장투쟁의 신화 – 김좌진

028 일왕을 겨눈 독립투사 – 이봉창
029 만주지역 통합운동의 주역 – 김동삼
030 소년운동을 민족운동으로 승화시킨 – 방정환
031 의열투쟁의 선구자 – 전명운
032 대종교와 대한민국임시정부 – 조완구
033 재미한인 독립운동의 표상 – 김호
034 천도교에서 민족지도자의 길을 간 – 손병희
035 계몽운동에서 무장투쟁까지의 선도자 – 양기탁
036 무궁화 사랑으로 삼천리를 수놓은 – 남궁억
037 대한 선비의 표상 – 최익현
038 희고 흰 저 천 길 물 속에 – 김도현
039 불멸의 민족혼 되살려 낸 역사가 – 박은식
040 독립과 민족해방의 철학사상가 – 김중건
041 실천적인 민족주의 역사가 – 장도빈
042 잊혀진 미주 한인사회의 대들보 – 이대위
043 독립군을 기르고 광복군을 조직한 군사전문가 – 조성환
044 우리말·우리역사 보급의 거목 – 이윤재
045 의열단·민족혁명당·조선의용대의 영혼 – 윤세주
046 한국의 독립운동을 도운 영국 언론인 – 배설
047 자유의 불꽃을 목숨으로 피운 – 윤봉길
048 한국 항일여성운동계의 대모 – 김마리아
049 극일에서 분단을 넘은 박애주의자 – 박열
050 영원한 자유인을 추구한 민족해방운동가 – 신채호
051 독립전쟁론의 선구자 광복회 총사령 – 박상진
052 민족의 독립과 통합에 바친 삶 – 김규식
053 '조선심'을 주창한 민족사학자 – 문일평